如何愛你的父母？

How to Love Your Parents

序

天下子女心

本書的書名為《如何愛你的父母》，是從為人子女的角度探討親子關係該朝什麼方向努力，如何去冰釋彼此間的誤解，並在自己的能力範圍之內盡全力去愛自己的父母。子女要主動親近父母，主導這一切——因為愛父母是你的決定、你的心意，也是你個人的天倫之樂。我們並不是要討論父母有多愛我、為什麼父母從來都沒關心過我……，這是不一樣的方向。

當你決定要愛自己的父母，就得敞開心胸的去了解他們。你對父母了解有多深，將影響到愛他們的意願及深度。對於書中各種不同類型的父母，所要具備的能力基本上差不了多少，但了解的越多、越深入，相對的也越有機會去創造你想要的愛！

每個子女都想要愛父母。若是找不到方法，不能好好地愛他們，終究是人生的遺憾。常言道：「天下父母心」，父母愛孩子是天經地義，孩子愛自己的父母也是理所當然，所以，本書要談的就是另一個方向：「天下子女心」。這份真誠的愛應該被探討、被了解、被幫助，讓所有被禁錮的愛被釋放出來。

不管自己的父母是個怎樣的人，孩子仍會很自然地希望跟爸媽親親、抱抱、講話、玩耍、撒嬌，無時無刻想念著自己的爸媽，彼此之間有非常親密的關連性。在成長的過程當中，或許因為孩子的行為不夠端正，或是受到父母的不當管教，雙方發生了許多衝突、誤會與不愉快。

等到年齡漸長，兩邊的親密動作卻越來越少——笑聲減少了，不再可愛了，也不再撒嬌了。等到某一天，才突然發現自己再也無法像過去那樣，毫不掩飾地表現出自己對父母親的情感，就算天天見面，也只能不斷壓抑心中的愛與溝通，兩邊的關係越來越疏離。

儘管如此，不管孩子年紀多大，心中對父母親的那份愛仍一直存在。只是長年累月相處下來，那種親密感漸漸變得陌生，每個人都想回到過去那段美好時光，到了後來，卻是怎樣都回不去了。

爸媽也好，孩子也好，都希望能向對方表達自己心裡真正的感受，希望溝通上沒有任何障礙。很可惜，許多人因為不懂得怎樣去愛，或是擔心講錯話傷害對方，只好選擇隱瞞、逃避或是壓抑自己的情緒——不知曾幾何時，這種「天倫之樂」竟然變成了一種奢望。如果你有許多話、許多想法，沒有誠實地對父母親表達出來，心裡就像卡著許多石頭一樣，石頭越來越多，最後一定會把你壓垮。

本書的目的，是希望子女們更輕鬆地表達出內心真正的感受，把想要跟爸媽親近的心意展現出來。另一方面，是我們平常和父母相處時，把那些不喜歡的、覺得不對的、不自在的事情一一釐清，讓每個人都可以忠於心中的情感，真正地和父母親溝通；不僅讓爸媽覺得舒服，孩子自己也沒有遺憾。

願天下有心的子女，都能完成愛自己父母的心願。與君共勉。

心橋顧問公司總裁 陳海倫

目錄

第六章

父母的種類 一般型

第七章

父母的種類 特殊型

第八章

愛父母的方式 基礎篇

第九章 愛父母的方式 進階篇

第十章 愛父母的方式 高級篇

第十一章 我是乖兒子，還是兔崽子？

第一章

什麼是孝順？

「孝順」是中華文化裡專屬的名詞，這樣的文化之美，也只有咱們華人才能了解。這個名詞的出現，表示我們不只重視家庭，而且還特別重視子女與父母親之間的關係。

「孝順」在字典裡，寫的是「侍奉父母，克盡孝道」，這是針對父母親的行為，對象是爸爸跟媽媽，別無其他的人。至於「孝」這個字，指的是善事父母的道理、方法。在一般社會裡，也非常在乎這件事。

或許，你常會聽到有人說：「要嫁（娶）一個孝順的人！」為什麼？因為在普遍的認知裡，能夠孝順父母的人多半比較成熟懂事，對家庭比較有責任感，在社會也是有用的人；就算沒什麼特別出息，至少也不會是什麼大奸大惡的人。

不過，在現實的世界裡，孝順並不一定會帶來真正的幸福——並非孝順不對、不好，而是誤解了「孝順」真正的涵義。

有些人以為，所有事情都得要順從父母，才是真正的「孝順」。換句話說，抱持這種觀念的「孝子」不管遇到什麼事，都必須先徵求父母的同意，沒有辦法決定自己的路要往哪個方向走。

在婚姻裡，如果你的另一半誤解了「孝順」的真正意義，他就會為了你跟父母相處的任何事情「小題大作」，觀念不同的配偶，往往會在侍奉父母的事情上引發相當大的摩擦。

怎樣做，才是孝順？

許多社會上發生的家庭糾紛，大多數都源於夫妻兩人對於「怎樣做才是孝順」的認知上有不同落差。

「孝順」牽涉的範圍廣大，影響力往往出乎世人意料之外。這還牽涉到父母及子女對於怎麼做才叫「孝順」的觀點，也有不太一樣的見解，特別是父母單方面決定的標準——如果子女做出來的並不是爸媽期待的，或是爸媽動不動就給孩子扣上「不孝」的帽子，就會產生非常大的不愉快，甚至怨恨彼此一輩子。

所以，這是非常值得討論的話題，每個人都應該多花一點時間去研究一下，到底爸媽要的是什麼？為人子女該做的又是什麼？到底要做到怎樣，兩邊才會皆大歡喜？如何找到一個平衡點，讓天倫之樂真正地實現？

每個人都有父母，最好也都有子女，這樣便能夠相互學習，因為人生貴在了解，將心比心。若對親子雙方有著多一點點的深入了解，在人生裡便增加了一點點自由的空間，對生命有著極大價值的意義。

「孝順」，是子女長大之後，對於父母養育之恩的回饋。小時候，這個方向是相反的，孩子是一直接受的一方，而父母就是無條件的給予、餵養。父母照顧年幼的子女是天經地義的事，所以，當子女長大了，有了獨立謀生的能力之後，給予父母回饋也被視為理所當然的義務。

當孩子稍微懂事之後，就可以開始去做出「孝順」的行為。只不過，那時的層次大多只是在聽話、乖巧、幫忙做家事，或是說些貼心、有建設性的話。

例如：「我會好好用功讀書。」

「媽媽，我會聽你的話。」

「我長大後會好好孝敬您。」這樣，就是開始了「孝順」之路了。

但是，這樣的態度是否經得起考驗？是不是孩子真心想去做的？隨著孩子的年紀漸長，慢慢地，所有的問題都會浮現到檯面上。

從孝順的角度來說，有一個永遠都無法平衡的地方：父母跟子女之間「施」與「受」的衡量——要怎樣才能平衡，是永遠無法計算的。你無法計算父母為了養育孩子，到底付出了多少愛、花了多少錢、多少時間，甚至犧牲自己的夢想，忍受一切的痛苦等等。

而孝順裡的「不公平」，便是無法要求子女能夠像父母一樣，以對等的方式回饋這些愛、時間、金錢、關心、甚至犧牲忍受的痛苦等等，這是人世間最無奈的事情之一。父母所給出去的，不見得能夠得到回饋，甚至就如同覆水難收；但相對地，也有無心插柳的時候，完全是一場難以預料的賭局。

有的父母幾乎給了孩子自己的全部，但到了最後，子女連頭也不回地便一走了之。也有些父母不太理會孩子的成長過程，沒有付出特別的關心與照顧，甚至用隨便來形容也不為過；但他們的子女們卻盡心盡力的回饋父母，照顧到無微不至的地步，羨煞那些得不到「孝順」的父母。

雖然這就像賭局，沒有人願意當輸家，但人生就是願賭服輸。不管結局如何，不必大驚小怪也不必小題大作，感情就是這麼回事。

當然，這是比較極端的比喻。所謂「孝順」的標準，存在於每一個家庭裡親子之間的來來往往，每家都有不太一樣的孝順經，但大致的原則是相同的。

有時候，子女們過年包個紅包，或是買點東西回去孝敬父母，放假時回家陪陪爸媽，跟他們出去旅行，爸媽生病時留在病床邊照顧……以一般標準來說，已經算是相當不錯的。基本上，這些觀念在每個家庭都是一樣的。

愛，是不求回報的

若要談論到「孝順」，必須由兩個不同的方向來切入：

第一個，是父母的要求，他們的需要及想要是什麼。

第二個，則是子女自己的希望，以及能夠付出的意願和能力。

這當中有一個非常重要的關鍵，在於父母與子女想法上的落差。如果父母對子女的付出有相當大的期待，常常會是親子之間發生衝突的根源。

有的父母會對孩子開出一些條件，或是某些特別的要求。比如「你一定要考上國立大學」，或是「你每個月要把薪水的一半拿給我」之類的，若是沒有做到，就會給孩子扣上一個「不孝子」的罪名；就算他沒說你不孝，也會表現出不高興、不開心、不滿足的樣子，甚至到處抱怨、處處找碴。

有些父母常會說：「我養你這麼大，你什麼時候才能養我？」

「你小時候我有多疼你！現在呢？你回報了我什麼？」

「你可知道我是怎麼為你犧牲的？為了你，我忍受了多少痛苦，你曉得嗎？」

「你知不知道你小時候多麼難養？你是難產生下來的……」

這些東西，全都會變成子女的壓力。

在這樣的情況下，子女會覺得難受、愧疚，只好做出父母要的「孝順」，但並不是他們心甘情願的，而是迫不得已的，自然會很傷感情，也失去了孝順真正的意義。

做父母的人得到了子女的付出，但孩子的「心」並沒有到位，就算做再多也是枉然，不會真正的幸福——因為沒有真的感情，這種付出並不是真正的愛。一方一直堅持要，一方一直不情願的做，其實雙方心裡都明白，但就是停不下來，只好這樣僵持下去，過著你不情、我不願的日子。

這種孝順，只是有其名而無其實。或許滿足了父母物質上的需求，有了錢，有了這些所謂「盡孝道」的動作，但子女無心、無情，沒有付出真正的關愛，這跟孝順有什麼關係？

從懷胎十月，經過育嬰期、童年、青春期一直到成人的這些日子，父母要怎麼付出、怎麼關愛、栽培孩子，這是父母親的決定，也是他們的「權力」。換句話說，要給孩子多少，完全是父母親自願的，不是被逼的，在這當中得到多少的快樂與經驗，也是為人父母自己的體會。做子女的，並沒有義務一定要喜歡或承擔這些好壞，但一定要盡自己所能的去了解爸媽的心意，並做好一個子女該扮演的角色。

做父母的人要有自己的空間。既然撫養孩子已經付出了這麼多，也得到了許多的快樂，當孩子大了，就應該了解「兒孫自有兒孫福」，能夠放手讓他們盡情飛翔，讓他們發展自己的人生。父母養孩子是無條件的，也應該無所求才是，既然盡了父母的責任，自己也應該要很開心，這樣才是「愛」的最好方式。

有些爸媽會跟孩子計較買了多少名牌的東西給他用、花了多少資源與心血栽培，等到孩子長大了，便要求他們要懂得知恩圖報，同樣也要買名牌的東西回饋，陪爸媽就是孩子的責任與義務……如果父母對於「孝順」的邏輯是這樣計算，就會弄得自己跟孩子都很不快樂。孩子不一定會有一樣的想法，也不一定跟爸媽有一樣的形式作風。

對子女們來說，小時候的一切都是父母給的。現在長大了，回報及感恩的方式，也是子女們的意願——想怎麼回饋，都是孩子自己的選擇，這也是子女的「權力」。孩子若願意買房子給父母，或帶他們出國去玩、給父母很多錢，這是子女們的心意，而不應該是父母自己的強求。這個回饋的方向與態度，必須先搞清楚才行。

愛，不等於責任與義務

有許多父母強迫孩子成家之後，一定要常回去看他們。表面上孩子是照做了，但回到家就只是吃飯、看電視，時間到了就走人，兩邊都不開心。這種要求只會讓親子關係雪上加霜，壓力越來越大。

每個子女都有選擇如何去孝順父母的權力，這才是真正的愛。這樣相處下來，在一起交流才會自在溫馨，讓孩子沒有壓力，可以自在地過著自己想要的生活。

要是你對父母沒有那麼多的愛，也不是什麼大逆不道的事。如果你感覺不到情感，那就是沒有，不必強求自己一定要回饋。你要了解一件事：愛是自願的，不是被強迫而產生的。子女雖然發自內心愛父母，至於想怎麼愛是孩子的權力。你可以愛得多深，是可以訓練的一種能力，但並不是被要求一定得怎麼做的義務。

既然我們談的是愛，就得先搞清楚：愛與責任、義務是不一樣的。這也是一般人談到孝順父母的一個盲點，將愛、責任、義務之間畫上等號，就完全不對焦了。要是你把愛跟責任、義務混在一塊兒，愛的本質就會改變，相處起來也會覺得很怪，當然也就感動不起來了。

在你心中，「愛」有就有，沒有就沒有，有付出就是有付出，沒付出就是沒付出。很多爸媽會找許多理由或藉口來證明自己的愛，但如果孩子感覺不到，又如何能夠強求他一定非得感受到？如果父母沒有這麼多的愛，孩子心裡也都明白，對他來說，父母跟路上的陌生人差別不大，不管爸媽是不是真的有付出，反正他就是感受不到，那又如何硬要他去認同「天下無不是的父母」？對他來說，這未免也太不真實了，是嗎？

當然，這裡並不是要強調爸媽很糟糕，就不必孝敬他們了。我們要來看清的，只是一個簡單的事實：並非每一個父母都一定會很愛他的小孩；就算有真愛，也不是每一個孩子都有辦法感受到，因此孩子不見得會同樣地想去愛父母，也不可能要求他對爸爸、媽媽都要有同等的愛。

有的孩子比較愛媽媽，也有的人比較愛爸爸，有些父母強迫孩子要給爸媽兩個人一樣的愛，這是不可能做到的。我們心中都明白，被強迫付出的就不叫愛了，又何必自欺欺人呢？

我這麼做，是為了孩子好？

我們常會把「孟母三遷」的故事做為典範，也常告誡天底下為人子女「天下無不是的父母」、「天下父母心」，來強調父母親無私貢獻的偉大。

這是對的，也是好的，但這純粹是屬於讚美父母的德行，跟子女是否能回報等同的比例無關。父母這麼做，孩子是否會變得更愛父母親？很難說。這是當父母親的人應該要了解的。

若以現今的角度來看，孟母可以決定三遷，但決定搬家之前，也應該看看孩子對於這樣的三遷喜不喜歡。大多數的父母往往會以「我是為了孩子好」做為理由，而忽略了孩子心裡的感受，形成了一種壓抑的狀態。

當然，這種事情並不能單純地只從一個角度切入。孟母三遷的故事只是舉個例子，這當中還有太多的學問在裡頭。

所謂的天下父母心，是真的。因為父母的出發點是善意的，他的意圖是為了子女好，給他自己所能提供的最佳選擇。但這當中的過程，子女應該是可以參與、可以選擇的；至於子女是否能夠認同並了解父母的心意，這又是另一門學問了。

有些爸媽常會對孩子說：「要你補習多唸點書，是為了你的未來！」孩子也會說：「這些書是你要我唸的，博士文憑也是你要我拿的，但這些都不是我要的！」這樣，又是否公平了呢？

我們並不是在討論對與錯，而是要睜大眼睛去看人生最後的結果。一個決定到底好不好，往往不是絕對的。父母為子女著想的心意，必須要跟子女完全對焦，雙邊的情感才有辦法交流。經過溝通之後才能認同，進而達到感動、感恩及感謝的回饋。

愛，是一種藝術。你要對一個人付出，必須要得到對方的認同與喜歡。就算爸媽的決定對孩子是比較生存的，也要經過不斷的溝通及努力，才能讓雙方的愛一直充滿生命力。

這是一種相當偉大的堅持。不能明白這個道理的人，就只能自怨自艾、遺憾終生，人生處處都是彌補不完的失落，最後落得一個「好心沒好報」的下場，實在叫人不勝唏噓。

成功的孝順，是父母與子女之間有著莫名的默契，彼此相愛、相知、相惜。子女出自內心的感恩，流露出對爸媽的尊敬與親情，讓他們覺得有這個孩子是非常幸福的事，這才是真正地享受天倫之樂，也才是最完美的孝順。

第二章

爸媽與我的關係

父母跟你的關係好不好是一回事，但不需要把它想成：

「一定是我不孝……」

「我的家庭怎麼這麼奇怪啊？」

「為什麼我爸媽問題這麼多？」

這都不該是你思考事情的方向。學習的目的是找到問題，然後把問題處理掉，不是責罵自己或別人，也不是一味地貶低。

在這本書裡，你會常常看到「進步成長」這四個字出現。所謂的進步成長，意思是：你比昨天的自己更好。然後，你做自己想要的事，把它做得更好。行有餘力，你可以幫助父母，幫助你的小孩。

爸爸、媽媽不管再怎麼偉大，或是再怎麼可惡，充其量也不過是一個「人」而已。只因為他的身份是你爸爸或媽媽，所以關係變得很特別。所以，你要先看看自己帶給對方什麼麻煩，自己有什麼問題。

你給爸媽的感覺，是你自己營造出來的，要用什麼態度對待爸媽，也完全是你決定的。話怎麼講，事情怎麼做，對方有什麼感覺？要是每次說話都支支吾吾的，爸媽會覺得很奇怪，懷疑是不是有什麼問題？

因為我們都是人，你爸媽只是個普通人，而且是個平常人；就算是子女跟爸媽之間，也是人與人之間的關係而已。所以，你必須要知道自己給人家的感覺是什麼。有問題，先改自己；看看自己怎樣可以做得更好、更進步，這才是正確的方向。千萬不要去責怪父母或是想要去改變他們，這對親子關係完全於事無補，不管發生什麼問題，千萬記得先把矛頭指向自己，永遠都要先從自己開始檢討。

為什麼跟爸媽總是無話可說？

為什麼你碰到爸爸、媽媽，總是講不出話來？為什麼每次見到他們，總是無話可說？爸爸沒有暴力傾向，媽媽也不是巫婆，他們沒有打你，也不會憎恨你，對不對？所以，你應該能夠正常地跟他們講話才對。

問題是，有些時候就是沒辦法自然地跟他們溝通，那該怎麼辦？

答案很簡單：說實話。

不管你心裡想什麼，說出來就對了。當你這麼做的時候，你們之間的關係就改變了。爸媽會因為你的誠實面對，進而改變對你的看法。

你常會發現自己沒話可講，要不然就是太小聲，不然就是很尷尬、不願意面對，這就是你跟爸媽在溝通上的障礙。雖然有時是爸媽的評估、貶低、碎碎唸等等，才造成你無話可說；但話說不出來，畢竟還是你自己的問題。你應該要想的，是怎樣才能解決掉這些問題。

不會講話，就沒辦法溝通；而良好的溝通，需要經過千錘百鍊的練習。為什麼溝通需要練習？因為沒有人一開始就能做得很好。或許你跟其他人講話都沒什麼問題，但只要對象換成是自己的爸媽，你就會變得很彆扭，不知道該怎麼應付。但經過練習之後，就算是對爸媽講真心話，也可以讓你變得很舒服、很自在。

你可以仔細回想：當你在對待爸媽講話的態度，是什麼樣的表情？給他們什麼樣的感覺？你要找出這個東西對自己的影響，也要了解他們的感受，體會這當中的嚴重性。

找出與父母親溝通時，讓你無法繼續講話的原因。

Q1. 什麼東西讓你不自在？
Q2. 什麼讓你感到難受，讓你沒有辦法表現得像你自己？
Q3. 什麼感覺讓你一直要後退，要逃避？
Q4. 什麼時候，你要強詞奪理？
Q5. 什麼時候，你會過份的撒野？
Q6. 什麼時候，你會不好意思地講不出話來？

在思考上面列出來的這些問題時，大部分的人一開始都會講「因為爸爸怎樣、媽媽怎樣」，或是「他們給我什麼樣的壓力」、「他們的個性就是這樣」，才會讓你覺得不舒服。但是，這裡希望你要找出來的，是你自己無法面對的事情——

你感到難受的地方在哪裡？

你沒辦法處理的問題是什麼？

讓你覺得尷尬的地方是什麼？

這些都是你的弱點，也是需要進步成長的地方。你不需要一直去解釋媽媽怎樣讓你不舒服，或爸爸脾氣有多麼不好、怎樣故意找你碴等等，重點並不是要去分析爸媽的問題。你需要去了解的是，你沒有辦法處理的這些溝通問題，還有你和別人相處時感到不自然、不自在、彆扭的地方，到底是什麼？

這些不舒服的感覺，在日常生活的待人處世，都會出現同樣的影子。不管是對待老婆或是女朋友，或是你的同事、老闆、客戶，都會因為這些問題的存在，無時無刻影響著你的生命歷程。

如果現在無法突破自己跟爸媽之間的關係，你在人生裡遇到的問題都一樣，無解——甚至等到你自己當了爸爸、媽媽之後，還是會有一樣類似的問題；更糟糕的是，這些問題將會一直延續下去。現在你無法面對父母，將來你的孩子同樣也很難面對你。因此，這些障礙一定要處理掉。

翻舊帳——永遠沒長進

在一個家庭裡，若是爸爸媽媽兩個都講道理，孩子就不會有什麼太大的問題。如果其中有一個人常會給別人壓抑，比方爸爸說：「我是你爸，我講的話你到底聽到沒有？」

你接話說：「可是，爸爸，我覺得……」

「你覺得怎樣不重要，在這個家裡，我說了才算數。」

這種時候就會出問題，而且這個狀況若沒在你這一代解決，之後每一代都會發生一樣的事。你可以問爸爸：「爸爸，爺爺是不是也這樣對你啊？」目的並不是要跟爸爸吵架或是把他給惹毛，而是希望他將心比心，了解「己所不欲，勿施於人」。

父母跟子女之間的關係，非常受到感情因素的影響。這種感情不管是好是壞，都會間接影響到其他人——比方說，公公罵了先生，就會影響到老婆，間接也會影響到孩子；就算你把耳朵摀住跑去躲起來，這種影響都避免不了。有時候是婆婆對公公碎碎唸，公公就跑去跟兒子發牢騷，兒子再去對媳婦發脾氣，媳婦又去把孫子打了一頓，然後孫子跑去跟爺爺告狀……有各式各樣的排列組合，反正一定會受到影響而牽連，而且大家都很不舒服。

最常出現的，就是所謂的「翻舊帳」——八百年前的事情還拿出來作文章，好像永遠翻不了身一樣。這不一定是父母親跟孩子翻舊帳，有時候是媽媽抱怨爸爸，或是媽媽抱怨奶奶，或是爸爸抱怨哥哥等等，就像魔音穿腦一般，似乎永遠都停不下來。

如果不想被這樣的情形影響，首先你要了解，為什麼他會不能釋懷。有時候爸媽免不了要唸一唸，就讓他們唸一下，不必在乎他們說了什麼難聽的話。你可以告訴他說：「爸爸，你講的那些是以前的事情。過去媽媽曾經是這樣，但現在她有很多的進步了。」為什麼會一直罵？太無聊了嗎？當然不是，是因為沒有看到對方進步。夫妻會對另一半生氣、爸媽會對子女生氣的唯一理由，就是沒有見到對方有所長進。所謂的「有所長進」，就是變得比較能幹、獨立，生活變得比較好。這是很現實的事，沒有辦法用其他東西取代的；只要一個人的狀況一直都在原地踏步，一定被人唸到死。

子女會一直被爸媽翻舊帳的另一個原因，是沒有準確對焦地好好示意。你應該告訴爸媽：你明白他所說的，也了解他想要為你好的心意，自己應該改變的地方是什麼……等等，心平氣和地說，有耐心地跟他們不斷溝通，說到讓他認為你已經聽進去了，也有誠意要改，就不會一直罵、一直說個不停了。

想要改善跟爸媽之間的關係，就一定要講話。現在父母跟小孩最常發生的問題就是不說話，這是非常糟糕的一個社會現象，大家可以看電視、打電動、玩手機、上網，就是不講話。這也是親子關係當中最殘忍的懲罰。

我輔導很多這樣的家庭：爸爸坐在客廳看電視，兒子回到家，走回房間關起門來幹自己的事。媽媽好不容易把兒子叫出來吃飯，靜靜地吃完之後，又快速地走回房間去。就這樣子過了好幾年，親子之間不曾認真地講過什麼話。

父母會覺得奇怪，為什麼小孩會變成這樣？連叫都叫不動，出來吃飯什麼話也不講，招呼也不打，不管問他什麼問題，永遠得到的答案都是「喔！」、「嗯！」、「我知道了。」那幾個字；孩子根本不願主動聊天，更別說要談心了。

其實，孩子只要開口跟父母講話，講個幾句話父母就很高興，再多講一點關係就更好了。就為了那兩句話，親子關係可以降到冰點，可怕吧？

不過，不管再怎麼糟糕的親子關係，統統都有辦法救回來，前提是爸媽跟小孩必須一起進步成長，沒有其他的取代方式。如果爸媽進步，孩子卻不進步；或孩子進步，但爸媽不進步，這樣都沒有辦法真正解決問題。

但是，只要能夠進步的那一方，自己就會舒服、快樂很多；也因為這樣，彼此的關係也會好一點，至少比沒進步好得太多。所以，如果你希望能快樂舒服一些，自己就得先進步成長，而不是被動地等著對方進步再說。

不進步，是誰的責任？

我常常跟父母說：「請你們一起來和孩子進步成長。」

許多爸媽會說：「啊，不必啦。要上課，孩子上就好。」

小孩去補習、補習、補習，最後會怎樣呢？這就是一個社會常見的現象——父母自己怎樣無所謂，一直供小孩讀到碩士，但自己卻一點都沒有成長。

「我已經付錢讓你唸到研究所了。」

「我有盡到父母的責任了。我給了你最好的教育，你也讀到碩士了。」孩子讀最好的學校，讀到碩士、博士，但父母呢？在孩子的眼裡，父母的觀念跟文盲沒什麼兩樣，根本講不通、沒得聊，不管說什麼都話不投機；這就會產生很大的問題。

當然，很多狀況是沒辦法馬上解決的，並不是要求父母一定也要讀到碩士，不要搞錯了。但在成長過程裡，父母跟孩子應該要一直溝通，偏偏大家都不講話，就只是一直補習、補習，爸媽只負責給錢，卻不管孩子開不開心，以為給了錢就等於給了愛；等到孩子回過頭來要孝敬爸媽的時候，他的做法也只是給錢了事，不會跟爸媽在一起，也不會跟爸媽說太多話。

爸媽看到小孩，就只會問：「你有讀書嗎？功課做了嗎？考試考得怎樣？」其他的都不必談，只要把書讀好就好。孩子不必跟爸媽講話，不必幫忙做家事，不必學待人處世，也不必有禮貌，不必跟親友往來；所有的目標就是把書讀好，拼命讀、一直讀、不能停，所以讀到碩士畢業，然後呢？把證書交給爸媽，兩手拍拍，交差了事，簡直把他們都氣死了。

不難理解，爸媽當然很生氣，可是，孩子心裡也有氣。他心想：「啊？不然是要怎樣？都讀到碩士了，這不正是你們要的嗎？」

為什麼會這樣？父母也要負點責任。因為父母只叫孩子讀書、讀書、讀書……他就一直讀嘛。讀完了，拿到文憑了，接下來要幹嘛？

父母說：「你拿到這麼好的文憑，應該去找份好一點的工作。」

孩子說：「啊？可是我想要做的工作，跟這張文憑沒什麼關係啊？」

喔，原來是會錯意了。爸媽以為這樣是愛小孩，小孩也以為這樣叫孝順，這個誤會可真是大了。

兩邊在講話的時候，為什麼會會錯意？因為沒有真正地在溝通啊。爸媽就一直賺錢、賺錢、賺錢，然後叫你讀書、讀書、讀書。等到你讀完了，一張文憑掛在家裡當壁紙，什麼用途都沒有。

「看，我兒子是這間研究所畢業的。」這樣要幹嘛？這是孩子要的嗎？

父母親的確有責任，但做子女的，也有跟父母溝通的責任；不能因為「你是我爸，我什麼都聽你的」，這就是一般常見的錯誤觀念——父母常會說：「我自己養的孩子，我要他怎樣就怎樣，為什麼不能聽我的？」

如果爸媽總是強迫孩子，孩子心裡會想：「反正我都聽你的了，你就少囉嗦吧！」「你還想要怎樣？我都照你的意思做了啊！」這樣就等於是一盤死棋了。

有個爸爸，常把一句話掛嘴上：「我兒子有幾根毛，我都知道。」兒子聽了就很生氣，因為他並不覺得爸爸真的了解自己。兒子心裡想：「既然你對我瞭若指掌，我還要講什麼？你每次就講我有幾根毛，你就知道這樣講而已。」

若兒子已經進步了，爸爸就貶低說：「你有進步？我是你爸，怎麼會不知道你有多少斤兩？」這樣一來，父子之間當然就沒話講了。

如果爸媽都表現出「我很了解你」的樣子，可是他們跟孩子不能溝通，這樣算是有互動嗎？問題會解決嗎？關係可能會變好嗎？

答案其實很簡單。爸媽要的，只是你跟他「講話」。當你能講到讓他爽，讓他覺得咱們兩個人的感情很好，這樣也才叫做「了解」。要是不講話，不可能妄想會達到「心有靈犀」的境界！

其實，爸媽很怕得罪你！

有位媽媽曾問我：「到底要怎樣跟女兒講話？」她竟然不知道要怎樣對女兒說話，要怎樣愛她才好？

我問她：「妳女兒都長那麼大了，還不會講嗎？」

「真的不會呀，每次都不曉得要講什麼。」

有些媽媽甚至很擔心害怕，跟孩子說話彷彿如臨大敵。

「我兒子要回來了，我兒子要回來了……」她很緊張，很怕自己講錯話，得罪了孩子。

所以，你一定要了解父母的心。父母其實也很緊張。

「兒子今天要回家，趕快來煮飯，趕快打掃一下！」很多父母是這樣的。他們希望討好你，給你吃的、給你用的；你喜歡什麼就盡量幫忙準備好，而且還很怕你生氣呢。雖然他的角色是父母，可是他要看孩子的臉色過日子，是不是很諷刺？

「女兒回來都不笑，怎麼會這樣不開心呢？」他就想辦法要逗你開心。

孩子說要吃大餐。爸媽心裡不是很願意，可是還是去吃。「唉呀，不能不答應他。不答應的話，等一下他生氣了該怎麼辦？」孩子不高興，也不能把爸媽給怎麼樣。可是，他們為什麼會這麼擔心？孩子很怕爸媽，爸媽也很怕孩子，這就是兩邊的互動關係。

所以，為什麼孩子要去跟同學在一起？跟同學在一起舒服啊。回到家裡呢？大家嚇得要死。孩子既不跟爸媽打麻將，又不煮東西給他們吃，講話又不投機，連電視都看不同台；如果小孩很愛打電動，又怕爸媽看到，幹什麼都不行，要怎麼辦？躲起來打。那麼，爸媽就整天敲門。

「可以了吧？出來了啦。」好像討債一樣，舒服嗎？

大家活在如此恐懼、擔心的環境中，又如何要向對方敞開心胸，訴說真心話呢？

夫妻感情對親子關係的影響

夫妻兩個人的感情好不好，會直接影響到跟孩子之間的關係。

要是夫妻的感情好，孩子通常會比較有愛心與安全感，也比較活潑、可愛、有自信；爸媽對待孩子的態度是健康的，在成長過程中才會自在舒適。

我們都希望父母的愛情很甜蜜，兩人很相愛，他們是彼此尊重的，平常是合作無間、互相體貼的。對孩子來說，這是一股穩定的力量，因為子女天生就愛父母，他打從心底希望爸媽好，希望他們在一起能夠開開心心。

只要父母的感情好，子女要跟他們相處，其實還滿簡單的。孩子可以發揚他們的優點，也比較有機會創造美滿的婚姻，因為上一代有個模範可以學習——比如母親很會撒嬌，父親很風趣幽默等等；或許沒有辦法完全跟他們一樣，但因為爸媽感情好，孩子就會相信婚姻可以創造出正面的力量。

相反地，如果父母的感情不好，孩子就會對這個世界感到悲觀、沒有安全感，對於前途——尤其是婚姻這條路，會覺得黯淡無光甚至恐懼萬分。父母不管是吵架、打架，或是常常對彼此有意見、抱怨與不滿，都會帶給孩子不良的影響。

當父母親的感情不和睦時，孩子想要去愛他們，必須先對自己建立足夠的自信，才有辦法回過頭去對他們好。如果連一點最基本的自信都沒有，就沒辦法愛父母，這是一個非常現實的事情。

一個不快樂的人，給出來的愛多少都會帶點憂愁，無法讓人感到明亮、開朗。所以，你必須要先健全自己的心智，要先能夠讓自己感到舒坦快樂，才能給出讓對方完全滿足的愛。

有些時候，孩子很想愛自己的父母，卻往往心有餘而力不足，並不是說想愛就能愛，就算期盼「心想事成」，也不見得這麼容易。想要愛人，必須有足夠的能力，而且還要不斷地學習如何去愛，認真經營彼此之間的感情。若是沒有找到正確的方法，只是很單純地想著：我很愛爸媽，我要愛他們——這樣是不會成功的，最後自己也會很挫折，最終都只會成為泡影而無法付諸行動。

你要先了解一件事：如果爸媽的感情不好，你該怎樣單獨去跟他們建立各別的關係？如何運用你的自信，去扶持他們的生活過得更好，甚至幫助他們走出這段陰影？這是做為子女應該去影響父母的責任，也是你要讓自己進步成長的理由。

就算是父母，也會需要子女的鼓勵與幫助。你若不夠強，自己都站不住腳，甚至還會被拖下水，這也是為什麼我不斷強調「愛，是一種能力」的理由。

來自另一半家庭的父母

既然提到父母的關係，這裡也簡單提一下來自另一個家庭的父母：公公婆婆，當然，也包括了岳父母。不過，這裡只用公公婆婆來舉例。

為什麼會有公公婆婆的問題？原因很簡單，因為他們對媳婦一樣也有期待：好不容易家裡終於多了一個人。既然有人嫁進來，他就會期待這個媳婦能分擔一些工作，盡點職責。

為什麼公婆會對媳婦好？就跟自己的兒子一樣，他要的也是溝通。當媳婦的人，一定要記得隨時跟公公婆婆說明最近在幹些什麼？現在過得怎樣？夫妻感情好不好？什麼時候會回來探望他們？除了報一些自己的訊息之外，他們也需要媳婦關心一下，體貼一下。

如果媳婦都不講話，或是講出來的話不討喜，就會被公公婆婆討厭。尤其有些公公婆婆在孩子結婚時給了不少資源，要是兒子不講話，媳婦也不講話，兩代的關係差不多就要完蛋了！爸媽會覺得你們夫妻狼狽為奸，不懂得飲水思源的道理。就算只是多講個兩句好話，也比什麼都沒講要好多了。

有些孩子跟自己的爸媽處得很不好，不見面還好，一見面幾乎每次都要吵架。其實，像遇到這種情況，如果你希望跟爸媽化解衝突，可以試著利用寫信的方式來進行溝通。

只要寫一封有誠意的信，就有機會平息一場災難，讓爸媽稍微息怒。如果信寫得很好，該示意的部分都有回應到，就一定有加分效果，平常比較常寫信回家的人，自然是加分更多；你再多寫幾封信，爸媽就會給你要的資源。就算是家裡沒什麼錢，至少你的日子也會平安無事，不會一天到晚被爸媽碎碎唸。寫信的方法，也適用於公婆與媳婦或岳父母跟女婿之間的兩代衝突。

我常對還沒結婚的男孩子說：娶老婆，一定要娶比較會講話的。為什麼？因為會講話的人比較可愛。娶來的老婆如果很會撒嬌，嘴甜又會做人，就是所謂有「幫夫運」

的好老婆，娶進門包你吃喝不盡，是上等的人才。至於那些不講話的老婆，就算長得再漂亮，平常一定也不怎麼討人喜歡，要是婚後又不愛回夫家，老公就得跟著一起揹黑鍋了。

公婆看媳婦，是在看什麼？他要看的就是以後在一起相處是否「適合」。怎麼判斷呢？就是看媳婦講出來的話好不好聽。公婆喜歡的媳婦，就是懂得察顏觀色、知道什麼時機講什麼話。所以，一定要懂得怎麼做人，才會懂得該怎麼講話，不僅當兒子的人要會，當老婆的人更要會。

要是老婆平常不願意去夫家，這就會出大問題了。女孩子在結婚後只願意回娘家，為什麼？因為比較舒服嘛！跟自己父母講話已經夠辛苦了，還要去跟公婆講話？當然是百般不願意啊，更甭提要住在一起了。

如果老婆會撒嬌，你馬上就曉得差別在哪裡。要是媳婦願意陪公公婆婆出去的，那就差更多了，對不對？就是讓父母有機會向人家「現」嘛。所以，公婆的問題跟父母類似，重點就是要能夠跟他們說話，能夠對他們撒嬌，得體的應對進退，這樣公婆就會感到開心滿足了。

父母本來就希望兒子能跟他們多說些心裡話。家裡多了一個媳婦之後，他們不敢跟兒子當面說或是說不動的，就會希望求助於媳婦，畢竟家中多個成員就多份力量，可以幫助溝通更為圓滿，化解衝突並增加家庭幸福指數，這就是公婆對媳婦的期待。

就算兒子沒回家，媳婦也可以代表回家探望公婆，同樣能讓他們能得到一些滿足。這是我們為人子女應該做到的心意，也是愛父母、愛家庭的一份力量。我常奉勸年輕人一定要結婚，結婚對自己、對家人都好，可以藉著另一半彌補過去自己沒辦法做到的事，把缺失的那一角補起來，讓人生更為圓滿。

第三章

親子之間的衝突

在父母的心中，有他們希望孩子去做的事，同樣地，孩子也會對自己的爸媽有所期待。很可惜，這些想法不一定每次能讓對方開心，甚至造成彼此之間的衝突。

接下來我們就來看看，親子之間常見的衝突有哪些。

一：擔心

親子之間最常見的磨擦，就是父母一直擔心孩子的一舉一動，老是擔心做這個不對、做那個不好，擔心、擔心、不斷的擔心——怕你東西忘了帶，怕學業成績跟不上同學，怕工作被老闆炒魷魚，怕感情上出了問題，賺錢養不活自己……等等，反正就是有很多事情可以擔心。

擔心沒有辦法解決問題。可是，父母總是把這些擔心加諸在孩子身上，而且還不斷地告訴孩子：「我很擔心你啊。」這是一種負面的思考方向，嚴重影響人與人之間的關係，令人感到非常不愉快，對雙方都不健康。

當爸媽的人一定要先搞清楚一件事：擔心，並不等於愛。

父母常會把擔心解釋成「我愛你」。但是，真正的愛並不需要碎碎唸，不需要憂心忡忡的忠告，這些都是多餘的。如果擔心是有建設性的，我們應該盡量擔心，其他什麼事情都不必做，事情就會好轉了，是吧？不管把事情講得有多嚴重，反正現況已經是這樣了，擔心或不擔心都不會讓目前的情況變得更好，只會把彼此的關係搞得更糟糕。

做父母的人應該要了解，孩子發生了任何事都不需要擔心，而且擔心是父母個人的問題——是你認為這件事情不對、不好，或因為你無能控制或主導，所以有個意念牽掛在那兒。

然而，愈擔心的事情，愈有可能發生。若不想讓事情發生，就應該馬上去溝通，做一些有建設性的事，而不是在一旁窮操心，搞得身邊的人也跟著一起不舒服。

二：不獨立與無能

不獨立與無能，指的是一些能力不足、依賴父母的子女，他們乖乖的待在爸媽身邊要求提供保護或幫助，基本上，這些孩子是屬於懦弱、能力比較低的族群。如果不能獨立，也沒有能力照顧自己，就會造成他人生活上的麻煩。

關於這一點，是非常嚴重的社會問題。孩子不能把自己的無能完全歸咎到父母的頭上，自己多少也要負一些責任，尤其是成年之後，就應該對自己負百分之百的責任。

如果不獨立又無能，父母免不了會擔心害怕。然而前面提過，擔心是沒有什麼用處的，偏偏你又這麼的不爭氣，很難會讓人不擔心。

換個角度來看，不獨立跟無能也可能發生在父母親的身上。舉例來說，有些媽媽一天到晚想要跟孩子在一起，有什麼事情都叫孩子回家去做，女兒嫁人了，媽媽也想要跟著女兒一起搬過去。如果爸媽抱著這種態度，孩子當然會被牽制得很痛苦。

反之，子女若是不能獨立，長大了無法面對生活上大大小小的事，二、三十歲了還是跟一個長不大的孩子一樣，處處都要依賴父母出面解決問題，這也是讓父母親非常頭痛的事。

三：沒有責任感

沒有責任感的人，最後就會變成行屍走肉。

所謂沒有責任感的子女或父母，這裡所指的特別是那些生活放蕩、行為不檢點、目中無人的人。他們可能有本事賺錢，也有能力做事，但經常因為自己的不品格、不肯負責任而到處闖禍，就算殃及他人也好像不關他的事，常常搞出難以收拾的爛攤子，讓人感到無奈且憤怒。

不負責任有很多種狀態。比方說，成天只顧著喝酒、抽菸、賭博，要不然就是花很多時間打電動、女朋友一個一個換或是常和酒肉朋友到處出遊、飆車，盡是幹一些對人生沒有意義的事情；要不然就是東西隨便買、信用卡拼命刷，債務還不起也不管，出了事情就找爸媽出面，只顧著做自己喜歡做的事，生活裡其他的事情完全都不理睬……有很多稀奇古怪的事情，都是沒有責任感所造成的。

沒有責任感，是因為從小就沒有被糾正。東西丟三落四，該做的作業都沒有做，賴床、遲到、說話不算話等等，全都是沒有責任感的表現。孩子若從小做事情得過且過，將來出了社會就很難被眾人接受，要生存下去並不容易。當爸媽覺得孩子沒有為自己的行為負起責任時，往往也會造成兩代之間的衝突。

有時候，沒責任感的不只是孩子，當父母的人也沒責任感。有些父母一天到晚跟孩子要錢，這些錢不只是拿去貼補家用而已，也可能是拿去喝酒、賭博或是做一些不務正業的事。如果孩子不給錢，他就要威脅要去跳樓、去燒炭，各種爛招都拿出來用，目的就是要子女賺錢養他。

每個人都應該要承擔自己所做的事情。偶爾請別人幫個忙是無可厚非的，如果一直都不對自己的所作所為負責任，不管是發生在父母或是小孩身上，都會造成親子之間關係的崩壞。

四：婚姻失敗

在人生裡，「失敗」這個主題所涉及的範圍很廣，這裡特別針對婚姻狀況來說明。

我們舉一個最簡單的例子：找不到結婚對象。只要你到了適婚年齡卻沒有結婚，爸媽就會開始碎碎唸，什麼理由都可以拿來說：

「你怎麼不穿這個衣服？」

「妳怎麼都不化妝啊？」

「男孩子就該體貼一點嘛！」

幾乎任何你覺得狗屁倒灶的理由，他們都可以拿來攻擊你。為什麼？因為你到了這個年紀還沒有結婚，感情還沒有著落，很明顯就是失敗嘛！

失敗還包括一個很重要的因素，就是在什麼年紀，有應該要做的事情。如果沒做到，父母當然會覺得你不成功。你到了該成家立業的年紀，卻還賴在家裡當個長不大的小孩，爸媽就會想：「奇怪，女兒怎麼會嫁不出去呢？」這就是家庭教育失敗的例子，也會讓爸媽非常不開心。

不管父母的婚姻狀況怎麼樣，他們還是會希望自己的孩子可以成家立業，有個好歸宿，有美滿的婚姻。如果你的感情不順利，婚姻經營失敗，就會成為父母心中的死結，他們永遠都會期待你有一天能夠解開。

父母希望孩子的婚姻可以美滿，但相對的，他們自己也一樣要以身作則。要是媽媽一天到晚打電話跟孩子哭訴：「今天爸爸又對我施暴了！」或是爸爸常跟孩子說：「娶到你媽，真是倒了八輩子的楣，你媽把我的人生給害慘了！」甚至雙方鬧到對簿公堂，以離婚收場，孩子又情何以堪？

所以，擁有成功的婚姻不僅是一門相當重要的人生課題，只要認真經營，你也能從中找到化解親子衝突的妙藥良方。

五：錢的問題

錢的問題，說起來很實際，也常要鬧出人命。要是你窮到沒錢吃飯，搞到連一份像樣的工作都找不著，爸媽當然會一頭霧水，心想：不是都讓你讀到碩士了嗎？怎麼會養不活自己呢？

就算沒讀到碩士，好歹也有大學畢業了，為什麼工作會一個接著一個換，卻總是找不到適合的？

薪水低到連自己都養不活，還要靠家裡接濟才活得下去，這是怎麼一回事？

簡單來說，沒錢過生活，就等於是沒有足夠的生存能力。沒辦法生存，就會間接威脅到父母親的生存空間。你可能會跟爸媽借錢，請他們幫你調頭寸，或是拿家裡的房契去抵押等等。然而，父母親並沒有義務要幫子女處理這些事情，但畢竟看在是自己骨肉的份上，這種事情很難不幫忙。

俗話說：「吃人的嘴軟，拿人的手短」。當你跟爸媽拿了資源之後，就很難跟他們好好說話，有些父母還會用這個理由來要脅你要順從他的要求，否則就不給你錢，甚至斷你的後路。

同樣地，父母親有也可能會有經濟上的問題，然後將那些壓力、情緒宣洩在孩子身上。比如貸款付不出來，或是欠了債要子女來還，就會產生衝突。不過，一般來說都是孩子向父母尋求資助的比例比較多，看看爸媽能不能幫點忙，再多給點錢來擋一下。

有些時候，父母親手上還有一些可用的資源，只要兩邊的關係還不錯，多半的父母都會願意對孩子伸出援手。但手頭比較緊或是關係沒那麼好的時候，經濟問題就會成為引爆的導火線，或是被拿來作為要脅的籌碼。

所以，子女們必須要能夠做到經濟獨立，不能讓自己窮到連吃飯都有問題；除此之外也要擁有賺錢謀生的一技之長，才不至於讓爸媽整天為你的生存操心，或是變成被別人牽著鼻子走的被動局勢。

六：不給予孩子空間

有些爸媽會主動干涉孩子的決定，強勢地要求：「你應該要怎樣做比較好。」要是沒照爸媽的意思去做，他們就會責難孩子不聽話、不孝順。

確實，有些爸媽的管教方式是比較專制的。要是遇到這種情形，你可以先問爸媽，他們這樣的要求會有什麼好處？最後結果是怎麼樣？如果你認為他所說的合情合理，就可以試試看，去體驗他所說的究竟對還是不對。

但是，如果你已經長大了，你應該可以決定一些事情，但爸媽還是不給你空間，那你就得想一想這當中的問題到底出在哪裡。通常來說，重點並不在於你是否按照爸媽的意思去做——在你判斷爸媽所給予的要求是否合理之前，他們之所以會不給空間，表示對你的信任已經不夠了。

所以，你永遠要知道修正方向是否正確，而不是一味地照爸媽的要求去做；首要之事，應該是去補足那些不夠的溝通，之後一切討論的內容才會有意義。

過去你曾經帶給爸媽的痛苦與不信任，他們在心裡都還在計算。他在算你這次跟我拿了多少資源，然後一點下文都沒有，你講的那些好聽的話都是奉承的場面話，而且也一副沒打算要還的意思……這些點點滴滴，全部都在爸媽的心裡頭算得清清楚楚。

所以，當爸媽不給你足夠的空間時，你自己要先想一想，過去你曾帶給他們多少的不舒服？為什麼爸媽會這樣對待你？想清楚了，就會比較釋懷，你也可以知道該如何去為自己去爭取更多的空間，如何去建立彼此的信任感。

如何化解衝突？

在親子關係中，不管引發衝突的是哪一方，都會相互影響拉扯著；在這樣的狀況之下，想要全心全意愛著對方就會變得非常困難。兩邊要相愛，在發生衝突時必須能夠被妥善的處理。

解決問題的途徑有兩個。第一個，就是「進步成長」。

你一定要讓自己進步，提升自己各方面的能力。不進步的人，不管目前多麼有能力，在生活裡還是會遇到瓶頸，如果無法應付生活中接踵而來的問題，可能感情會出問題，健康會亮紅燈，經濟上也會捉襟見肘，和別人的溝通也會出狀況。當溝通出了問題，就會影響到面對事情的意願，責任感自然也會降低。

要化解這些衝突，就必須要求自己不斷地向前邁進，努力讓自己變得更好，了解衝突是怎麼來的，進一步去了解父母要什麼、孩子要什麼、該用什麼樣的方式去處理，才是解決這些衝突的方法。

第二個重點，就是溝通。溝通是一門深奧的學問，關於跟父母溝通的技巧，後面會有獨立的章節說明。

這裡要強調的是：你一定要學會如何真正地和對方講話，要讓彼此能夠信任，給予對方適當的示意，這些都得靠良好的溝通才能達到。如果連話都不會講，一見面就只有吵架的份，在一起的感覺當然就不會舒服。

有很多看起來非常棘手的事情，其實只要靠精準對焦的溝通，就能夠輕鬆化解。但是，一般人遇到某些特殊的狀況，譬如對方很兇、尖酸刻薄、笑裡藏刀或是情緒很低落的時候，就會變得沒辦法講話，不知該怎麼跟對方表達，所以也解決不了問題。每個人都希望彼此之間的衝突能盡量減少，往往一旦用錯了溝通方式，衝突只會隨著時間累積愈來愈多，到了最後，就像火山爆發一樣不可收拾。

所以，你必須先去了解對方，讓自己更快速地進步成長、學會真正的溝通，跟爸媽之間的快樂度跟舒適度就會提升許多。

進步成長不是一兩天的事，學會溝通也不是一、兩個月的事，有些衝突只需要一天就可以解決掉，但也有些狀況就算花了十年還是沒辦法解決。因此你必須明白，化解衝突的時程有可能會相當長。有些狀況是等到孩子都大了、父母都快進棺材了，大家才對某個衝突感到釋懷，這也是人生最無奈的地方。

不過，你還得了解一件事：有些衝突是不必解決的，因為本來就無解。若你百般努力之後仍解決不了，也不必感到太灰心，畢竟人生不如意之事十常八九。你要先學會把這些困擾放下，不要讓它一直縈繞在心，或是繼續努力個十年再說吧！

人生有很多事情可以努力，不需要陷在一個死胡同裡打轉。你必須真的努力進步，持續不斷地跟父母溝通，至少你會舒服很多，也更能明白問題的癥結，而不是被那些惱人的衝突卡住，而無法讓人生繼續前進。

為人父母的盲點

當孩子還小的時候，父母常會有個錯覺：孩子跟我們的感情很好。這裡頭最大的迷思就是：父母有情，子女無意。父母愛小孩愛得要命，但小孩偏偏很討厭跟父母在一起，或故意不想順從爸媽的意思，搞到讓人很無奈。到底發生什麼事？

父母以為咱們住在一起，所以關係一定很好；其實，那種感覺不一定是真的，只是孩子明白自己沒辦法逃避，他一定要回家吃飯，他知道這是我家，再怎麼不開心還是得要回去。等到孩子長大之後要遠走高飛了，不再跟爸媽住一起了，見面的時間變少了，爸媽就會覺得很奇怪：為什麼以前很好，現在卻變成這樣？

其實，不是因為孩子長大了，親子關係才變得不好，而是原本就沒那麼好，只是爸媽沒看出來或察覺不到而已。當孩子可以獨立之後，就會變得漸行漸遠，甚至形同陌路。

人與人的相處是一門偉大的藝術。並不是只要你有付出或很愛對方，就能夠獲得同等的回報；你必須修練、學習、用心經營，知道如何給予、怎樣去愛的所有細節，才能創造出自己想要的關係。

如果當父母的人以為隨便做做樣子，每天去外頭工作打拼，回到家隨便跟孩子說幾句話，或是在家洗洗衣服、煮煮飯，就能夠讓子女感激涕零，無以回報？這就是一般父母會感到迷思的地方，以為「我都這樣付出了，怎麼結果會這樣？」

「從小三餐都沒給你餓著過，零用錢也都給了，還讓你讀最好的學校，要什麼有什麼……」

爸媽自以為一切都沒問題了，其實還差得遠呢！就算你心裡想著要對一個人好，但實際上，你在對方心目中的地位與份量，跟自己預期的結果可能是天差地遠。這種狀況在一般父母身上尤為常見。

人與人之間的相處，有其雙方投緣處及互動張力、需要跟想要，若真的沒辦法對上線，也不必覺得奇怪或遺憾。要能相親相愛之前，一定要對彼此有足夠深入的了解。

天下沒有白吃的午餐

有些父母親並沒有努力地教養孩子，甚至抱持的態度就是：既然生了，養活了算你運氣好，就僅僅是這樣而已。但他們卻天真地以為養兒是為了防老，孩子長大以後就要回饋，或是他們自己會心甘情願地回來奉養父母。

然而，這些都只是爸媽自己一廂情願的想法。他們以為自己跟孩子有姓氏、血緣的關係，以為自己有權利干涉孩子的一切，也認為彼此感情很親密，子女一定要照父母的意思才行。

但是，姓氏跟血緣在某種程度上都只是一個名義，孩子之所以被爸媽約束，是因為他還沒有決定的自主權。等到長大成人了，經濟獨立了，孩子以大人的身分跟爸媽平起平坐的時候，以前那一套強逼的方式是不會管用的。

舉個簡單的例子：父母可以幫孩子取名字。但等到孩子長大了，他可以選擇改名字，不一定要用爸媽幫他取的名字，是吧！父母就算再生氣也沒有用，孩子有他自己決定的權力。

所以，會有這種想法的父母，最後當然會很失望，甚至把失落的痛苦加諸在孩子身上。如果虧欠的是物質上的東西也就算了，但人情債往往是最難還的，尤其父母跟子女的關係切不斷，心裡不平衡，就會一輩子都很難受。

不管是當爸媽的人或是為人子女者，千萬不能期待彼此之間有著血緣關係，就一定會血濃於水。要是抱著這種態度，就等於是結了婚之後一定會幸福、開了公司一定會賺錢……天底下怎會有白吃的午餐呢？

爸媽都很希望回到孩子小時候，過著那種天真無邪、全家和樂融融的氣氛。當孩子大了之後，有了自己的世界，慢慢從爸媽的生活圈獨立出來；不成熟的父母無法接受現實的情況，還是一直想要繼續干預，偏偏孩子就不讓他管，管不住就開始抓狂，這當中的撕裂讓彼此越來越尷尬、越來越不自在。當你真正了解其中的道理之後，就要想辦法把它平衡回來。

為人父母的義務，是將子女養育長大成人，但接下來的路要怎麼走，要孩子自己去決定。你的孩子總有一天也會成為下一代的父母親，這是生生不息的世代交替。孩子成人了就有他自己的世界，父母要學會放手，讓孩子過他想要的生活，然後回過頭來經營自己的世界。

第四章

父母需要的是什麼？

跟父母親無法好好相處的子女，幾乎都搞不清楚爸媽要的是什麼。如果不曉得爸媽需要什麼、想要什麼，就算付出再多，也不見得能讓他們真正滿意，也無法真正地愛他們。

若有人問你：你爸媽喜歡什麼？你就得仔細想一想，他們現在需要的是什麼？錢嗎？出國旅遊嗎？孫子嗎？還是其他的東西？這個章節提到的內容，將有助於為人子女者更進一步了解父母親真正的需要，當你想要愛他們時有清楚的方向，不再感到迷惘困惑。

一：三個W

想跟爸媽好好講話，是大有學問的。然而，你需要講的基本內容，可以說是出乎預料之外的簡單，簡單來說，就是「報告」。

要報告什麼？也就是所謂的三個W，英文問句裡的where、what、how。換成中文來解釋，爸媽想要知道的資料就是：

1. 你現在人在哪裡？
2. 現在正在做什麼？
3. 日子過得好不好？（吃飽了沒有？）

這是一件非常有趣的事情。其實，爸媽想得到的資料實在是單純的不得了，偏偏一般的孩子都不愛跟父母親說這些事情；可能是覺得囉嗦，也可能是覺得無聊，爸媽只是想要知道孩子的狀況，問了卻又常碰到釘子，便形成了一個很大的衝突。

不管你在唸幼稚園也好，或是出了社會也罷，甚至當你有了自己的家庭與孩子，父母親還是希望你能告訴他這三件事：你現在人在哪裡、現在正在做什麼，吃飽了沒有？

有些人老是喜歡對著爸媽口沫橫飛地敘述著自己最近在幹些什麼事業，要完成什麼偉大的夢想。但你得要知道一個事實：爸媽對於你的夢想，其實並不是那麼有興趣。有些爸媽甚至根本不在乎這些事情。

或許，你對於自己正在進行某些轟轟烈烈的千秋大業非常熱衷。沒錯，你是可以偶爾提一下，但是在爸媽面前，只需要讓他們稍微知道就可以了，你不要以為你的事情，爸媽都會很有興趣。爸媽最想知道的，就只是前面提到的那三件事，而且都是芝麻綠豆大的事情。

不管你人去到哪裡，只要打通電話，跟爸媽說一聲就行了。

「媽，我現在人在上海出差。」

「我現在在機場。」

「我正在一間很有名的麵店喔。」

那麼，他們就會很高興，覺得你是個貼心的孩子。

你可以試試看，這種溝通方式既簡單又實用。你只需要告訴他們這些資料，也同樣問他們這些問題，看看他們會有什麼反應？效果必會出乎你的意料。

至於所謂的「在做什麼」，並不是指你那些偉大的研究、專案執行到哪裡，或是申請的專利到底通過了沒，這些方向和爸媽想要得到的資料是完全不對焦的。他送你去讀書，不過是希望你能成才，他可沒叫你回來教他微積分怎麼算，教他那些高科技要怎麼運用。那些事情，你應該去跟教授或老闆說才對。

他只是偶爾會很高興兒子會幫忙弄電腦，覺得你在某方面很厲害，但是你以為他們會很有興趣嗎？不！那不是溝通裡面應該有的東西。溝通裡面所要傳達的，應該包括他想知道的資訊，他們比較想知道的就是你此時此刻正在做什麼，就如同是：「我剛洗完澡！」

「我現在正在鞋店裡買運動鞋。」

「我在院子裡修理腳踏車。」

「我正在醫院做健康檢查。」

在大多數的時刻裡，他們只希望知道這樣的事情。

至於第三個，「你過得好不好？」

「你吃飽了沒有？」

「你怎麼現在才在吃中飯？」

「最近感冒好點了嗎？」（如果他知道你前一陣子感冒）

這也是父母很喜歡問的問題。不僅父母親喜歡問你，他們也很喜歡孩子問他們吃飽了沒有。這些問題看似很家常，奇怪的是，孩子都不太喜歡講這些事情。

你可能在外求學或出外工作，一年沒幾次機會可以跟爸媽好好講話，突然有一天你跟爸媽見了面，你就跟他們說你最近在搞什麼偉大的案子，或是公司賺了多少錢、升遷到什麼職位，或是什麼乾隆皇帝下江南啦、經濟大蕭條啦、科學家發現新物種……他沒有興趣聽這些鬼扯。你講的這些事情，是你自己很有興趣，卻不會讓父母親真正地覺得開心。

如果你跟爸媽見面，大部分的時間都在講這些不對焦的話題，等到時間到了，你站起來拍拍屁股走人了，爸媽心裡會覺得很失落，因為你並沒有給予他們想要得到的資料。

那麼，爸媽希望的是什麼呢？

他們比較希望你三、五天就打通電話回家，跟他們講一下你現在人在哪裡，在做什麼事，吃飽了沒有？這樣就行了。他們要的，就是希望你不管到了哪裡，還是記得咱們是一家人，他們要的只是一種感覺。

為人子女者，應該要了解這一點，平常多做一些這樣的簡單溝通。在日常生活裡，這些溝通並不需要花太多的時間，打電話回家只需一兩分鐘，尤其媽媽是家庭主婦或是爸爸已經退休的，你就記得打通電話或是捎個信，簡單問候一下就行了。

你只要跟爸媽說：「我想念你！」

「這禮拜我會回去喔。」

「現在外頭很冷，但是我很好。你也要多穿一點喔！」

平常他們只需要這樣的問候而已，最好是天天都可以告訴他。大部分的父母，都還是喜歡接到電話，希望聽到孩子的聲音，哪怕只是講個幾句話也就夠了。如果你真的很忙，不必每天都跟爸媽黏在電話上，記得偶爾連絡一下，他們就很開心了。如果平常的溝通比較頻繁，爸媽就會覺得比較舒服，就會覺得你很在乎他們。

二：出席重要場合

大部分的父母想要子女做到的，並不是什麼很難實現的事情，只是看你願不願意去做而已。這裡所提的第二個重點，他們所需要的，就是所謂的家庭聚會或重要場合，當子女的人得要出席。

在家族聚會或是逢年過節的團聚，一般父母都會希望子女可以在親朋好友面前一起陪伴著。這有點像是把自己的小孩拿去獻寶一樣，不管你是怎樣的小孩，他永遠想讓人家看到這是我兒子、這是我女兒，不管重覆幾次都樂此不疲，這是父母一輩子都不會厭倦的遊戲。

當然啦，當子女的人，最好能把自己的門面整理到又帥又美，這樣對父母來說才有面子。不管你有沒有什麼成就，要出席之前最好還是打扮一下，至少讓自己看起來體面一些，因為父母把你推出去展示沒別的目地，就只是開心而已。只要他有機會說：「跟大家介紹一下，這我女兒！」，「這我兒子，跟叔叔伯伯們打個招呼。」他就很高興。

除了出席之外，你要做的其實也很簡單。稍微打扮漂亮一點，讓人覺得你上得了檯面，見到長輩會叫人、會打招呼，這就是父母想要的。做子女的人，要懂得讓父母在這種場合有面子，讓他有機會去展現一下自己的子女或孫子，讓別人覺得他們把小孩教得很好。這些事情並不難，你應該要能夠做到。

不過，對許多小孩子來說，這些場合是非常無聊的地方。爸媽跟親友聊天時，他們提到的事情常跟自己沒什麼關係，自己總是搭不上話，所以能不出席就盡量避免出席。

如果你發現自己有這樣的狀況，就表示你很難跟爸媽真正地親近，因為你根本不想跨進他們的世界，親子關係當然也會格格不入。雖然這是爸媽喜歡的事，既然你想愛他們，就要給他們想要的、喜歡的與需要的。某些場合，他們自己也不見得想參加，但有了孩子的陪伴，會讓爸媽自在許多，也覺得更加溫馨。

此外，你可以藉著這些機會多認識父母跟親友之間的互動，這是跨進他們世界的絕佳時機。當你願意多花一點時間去認識這些親友，將來在跟爸媽溝通的時候，也會有更多可以運用的話題。

在這些聚會裡，偶爾你會得到一些不錯的機會，或許有助於你的生意，或是找到更好的工作、認識新朋友、解決一些問題等等，在這些互動之中可以增廣見聞，學到別人的經驗與待人處事的態度；這些都是相當難得的緣份，應該把握機會廣結善緣。

我常常鼓勵子女們多做這些事情，不要只是躲在家裡當個公子哥或千金大小姐。如果你都不涉入爸媽的世界，當你想要愛他們的時候，會覺得像要去爬喜馬拉雅山那樣地困難。

如果要讓你的爸媽開心，就應該了解他們的心態。你應該要出席這些場合，出席了也不要像個呆子一樣，盡量多講幾句好聽、感謝爸媽的話，讚美在場所有的親戚朋友，就會讓人覺得你很懂事，也能皆大歡喜。

像這些事情，爸媽是永遠都不會厭倦的，所以你也不必怕做太多，能做的就盡量做吧。

三：經濟跟健康

全天下所有父母都不會忘記的一件事，就是孩子的經濟跟健康狀況。他們希望你的經濟沒問題，也希望你很健康，就這樣簡單而已。

所謂的「經濟很好」，是什麼意思呢？不要求你一定得要大富大貴，就是該花的你花得起，該繳的錢都有去繳，不要窮到連三、五塊錢還在跟人計較，這樣就顯得不大器。

和大夥兒一起出去吃個飯，不要連一點錢都拿不出來；偶爾買一點東西回去孝敬一下爸媽，不要一毛不拔，讓人家感覺你小器巴拉。爸媽覺得不錯的東西，只要在你的能力範圍之內，就大方地幫他們付個錢，不要讓人覺得你很拮据，或是每次見面時都一副愁容滿面的樣子，嚷著什麼貸款付不起，下次又跟爸媽訴苦什麼錢沒辦法付；這樣他們當然會很不舒服，認為你的經濟狀況出了問題，賺的錢連自己都養不活。

你賺的錢多不多是一回事，但當你出現入不敷出或是經濟拮据的狀況，就表示你的能力不足以應付你的開銷。爸媽會擔心的，就是怕你沒有足夠的能力去承擔這些你應該要負起的責任。

你要讓爸媽感覺你的衣食無缺。他們並不在意你的食衣住行是否講究氣派或品味，只要乾淨舒適、簡單得體就行了，但基本的水準要有，讓他們能夠放心。

以我自己而言，我跟爸媽見面時都會刻意打扮得漂漂亮亮，讓他們感覺精神十足，日子過得很好。當然，也不必故意打腫臉充胖子，但你得要了解父母的心情——父母看到你的生活過得不錯，他會覺得把你教育得很好，自己也會很有成就感，這是雙贏的局面。既然這是天下父母所樂見的事，子女既然想要愛他們，就應該站在他們的立場設想。

除了希望子女經濟無虞之外，「健康」往往也是父母最關心的項目。健康這種事情，靠的是日常生活的保養。你不該總是一副病懨懨或沒睡飽的模樣，讓爸媽覺得孩子常常在生病，一下胃痛、一下頭痛，一會兒又要上醫院吊點滴，只差沒先買副棺材擺著備用。

人只要活著，就要維持身心健康，當個健康寶寶。這不僅是為自己的人生負責，也是不讓身邊每一個關心你的人擔心受怕。父母不會太在意孩子賺多賺少，但是他們不會希望你似乎隨時都要準備離開這個世界，或是被人指指點點，那種感覺當然不好受。

顧好經濟跟健康，是生存的基本條件。如果可以把這兩個條件顧好，表示你有最起碼的能力，父母親也會安心很多。

四：快樂

講到快樂，爸媽還是希望孩子能夠擁有美滿的婚姻，過得很自在，不管是感情也好、工作也好、人際關係也好，都希望你的生活很順利。

快樂是一種溢於言表的情緒。一個人到底開不開心，可以從臉上表情感覺出來。若是每次見到你都春風滿面，不管日子過得怎樣，至少舒服才笑得出來嘛。要是你整天都擺著一副苦瓜臉，好像全天下沒有人比你更悲慘，或是一天到晚都在搞分手或被人拋棄，男（女）朋友一個接著一個換，個個都沒有好結果；或是開口閉口就在抱怨工作不順遂，老闆多麼豬頭、同事都在扯自己後腿……，這種氛圍也會讓人覺得很難忍受。

快樂是一種很抽象的東西，沒有辦法用文字去特別描述。然而，一個人到底快不快樂？身邊的人都能夠感受得到。

要有快樂的境界，在生活中就要有一些成績與產出，沒也什麼特別的困擾——並不是說他沒有問題，而是他不會被這些問題所影響。只要一個人的精神狀態良好，情緒跟態度是正面的，自然就會顯現出很快樂的樣子。

快樂是千金難買的。父母衡量子女的日子過得好不好，其中一個標準就是快樂。他們在意的是孩子開心嗎？過得好嗎？臉上有笑容嗎？所以，自己是否能夠表現出快樂的模樣，是平時生活的一種考驗，也是個人的品格！

五：願意溝通

許多小孩子不太喜歡跟父母在一起，也不太喜歡搭理父母，講得更明白一點，就是不願意跟爸媽親近。

那種感覺，讓爸媽覺得自己跟孩子之間似乎有一道牆阻擋著，雖然每天都見面，卻好像陌生人一樣。爸媽也不曉得怎麼一回事，自己的孩子為什麼都不願意親近？

當然，連孩子都不願意親近，父母自己也要負很大的責任。但先撇開父母的問題不談，子女應該要主動親近父母，和他們有多一些的溝通。只要平時多了那麼一點點的撇嬌，多了一點點的問候，他們就會很開心。

所以，為什麼有時候兒子乖一點，或者是女兒貼心一點，稍微噓寒問暖一下，父母就會覺得很得意？因為他們要的也不過如此罷了，他們就是喜歡這樣。

不管你有多討厭自己的爸媽都無所謂。某一天，當你開始想要去愛他們，就要拿出意願去跟父母講話，也要好好聽著他們講話。千萬不要一天到晚頂嘴，也不要一天到晚嫌他煩，切斷溝通並不會讓你的日子更好過。總有一天你會了解，溝通才是解決世界上所有問題的根本辦法。

「願意」的重要性

這裡所提到的「願意」，強調的是發自內心的意願——只要多了意願，溝通就會有非常微妙的轉變。不管你是陪爸媽說話、出席重要場合，打電話回家問候等等，每一件你要做的事情，都會牽涉到意願。不同的是，你是把意願放在「做」呢？還是有意願去跟對方「溝通」？這當中有很細微的差異，但會有不一樣的結果。

我聽過不少的父母說過諸如此類的話：「我兒子很乖，常常買東西給我們，也都陪我們出去玩。他事業很成功，子女也教得相當好；不過，我們在一起時好像沒什麼話可以講，我也覺得他似乎不是很愛跟我們講心裡話。」

「我女兒很棒，嫁的老公也很能幹，過著人人羨慕的好日子。他們每年都會給我們兩老很多錢，也常打電話回來問候；但我還是不知道她在想什麼，有很多我們後來才知道的事情，之前也沒從聽她說過。」

這些例子告訴我們：有不少子女願意給爸媽錢，願意回家看看他們，或是陪著爸媽一起出席一些場合，他們也算相當的爭氣，可以說是給足了爸媽面子。

但從父母的口中，還是可以感受到那一絲絲不滿足的遺憾，為什麼？因為子女沒有意願聽爸媽講話或告訴他們自己的想法，陪爸媽聊一聊他們想要溝通的事情。雖然孩子做了很多，但父母親並不滿足，因為孩子在其他方面做的很不錯，讓父母雖小有抱怨卻頗為無奈。

當然，有些子女對此也頗有微詞。我也聽過子女們說過這樣的話：「有什麼好聽的？他們再怎麼說都是同樣的那些，我都聽了三千多遍了，每次都聽那些要幹嘛？」

「哈，跟爸媽根本是雞同鴨講嘛，講了也是鴨子聽雷，反正他們也不懂我在幹什麼。」

「我爸每次都那麼霸道，不講還好一點，才不會等一下又吵了起來。」

「沒什麼好講的啦，大家吃吃喝喝就好了。我還不如多做點事，洗洗碗，不要被罵就好，時間到了就閃人，少講那麼多廢話。」

非常明顯地，孩子在逃避跟父母溝通。身為子女也常會覺得有口難言，跟爸媽溝通常是「秀才遇到兵，有理也說不清」，覺得父母很不講理、不可理喻。所以，那些「盡孝道」必須要做的事，像是回家、買東西送爸媽、修理家具、出席一些聚會、跟朋友寒喧一下，做到了就了事，至於溝通的意願就不是那麼大了。

會發生這種情形，父母當然自己也要負些責任。他們希望子女會主動親近講話，但常常話不投機，或是說出來的內容總是讓子女們倒盡胃口，久而久之，孩子就會變成只會用多做點事、一起看電視、一起吃飯就好，咱們不需要多說話的尷尬局面。

在此，我要特別提醒做父母的人，不需要有事沒事就對孩子一直找碴，一直責罵或一再叮嚀一些不必要的事情。孩子長大了，他們也懂事了，所有的擔心全會變成評估與貶低，再加上千篇一律又沒有新意的內容，任誰都沒興趣聽。

要是當父母的人無法進步成長，孩子也會感到頭痛萬分。不管是要愛人的，或是要被愛的，兩邊都需要一起進步成長。要保持不斷溝通的意願，並不是簡單的事！

至於身為子女的人，你必須了解父母就是喜歡說這些，依他們目前的能力也只能表達成這樣的水準，因為多年以來，他們並沒有什麼進步；要跟你說的故事，說來說去都是那幾個。

既然你要愛爸媽，不但要學會主動包容，而且要陪他說、聽他說，最好還要適當地回應他。或許對你來說有些無聊，但對他來說，這是天底下最快樂、最滿足，讓他倍感溫馨的天倫之樂。

這些意願是可以訓練、可以培養的。當你能夠做到將心比心，明白對方的用意，也會更清楚該給予爸媽什麼，他們才會真正地感到快樂。既然其他的事情都做得不錯了，在意願上也應該多加把勁，讓它有畫龍點睛之效。

願意溝通是非常偉大的能力。有時候，就算其他的領域沒做到盡善盡美，光靠著這一點溝通的意願，你在父母心中仍會是個貼心的好孩子。

六：成功

成功，也是父母非常在意的事情。這裡提到的成功並不是功成名就、揚名立萬，而是指要讓爸媽感覺到，你的人生是有在進步的。

在人生的每個階段裡，都有應該要完成的事情。父母看待子女的成功，就是你有把這些事情都做到，婚姻很美滿、工作很穩定、孩子也教育得很好，他們覺得你的生活很幸福，而不是一天到晚搞外遇、家暴，或是夫妻動不動就要鬧離婚之類的，要是常搞出這些名堂，爸媽就會非常擔心，也會懷疑自己怎麼會把孩子教成這樣。

當然，還是有一些較為特殊的個案。有些特別在意名聲跟地位的父母，希望孩子將來可以出名或發大財，對他們來說，有得到這些功名利祿才算是成功。然而，這樣的期待與真正的愛無關，大部分只是父母自己的虛榮心在作祟罷了。

絕大多數父母的心裡，都會認定孩子只要平安就是福。一般來說，只要日子還過得去，將來不會發生危險，就已經算是很有福氣了。不在特別嚴苛的要求之下，要是以上六點通通都能做到——我要向你說聲恭喜，因為你已經具備去愛父母的基本條件，也算是一個相當不錯的子女，相信父母會以你為榮的。

第五章

孩子需要什麼？

談完了爸媽的需要之後，接下來我們從孩子的角度來看，父母也應該了解一下孩子需要的是什麼。大家需要跟想要的都有所不同，在彼此互相了解之後，會讓事情變得簡單很多，天下多一些太平，不會有這麼多的衝突與麻煩。

一：自然的溝通

孩子需要的第一個條件，就是能夠跟父母輕鬆、自然的講話。這裡稍微解釋一下，何謂「自然的溝通」。

在許多時候，孩子常常只是希望說些話、發表一些想法，就像跟同學或朋友那樣講話百無禁忌。所謂的自然，指的就是沒有壓力、沒有地位高低的分別，不會刻意講一些讓對方無法接下去的話。

尤其在親子之間的談話中，最常出現的就是評估跟貶低的字眼。只要父母說話壓抑到孩子，孩子就不會想繼續說下去了。

比方說：「騙肖仔，以為我沒唸過書喔？」

「你先做好自己的功課，別問那麼多啦！」

「管好你自己就好了，管人家那麼多幹嘛？」

「不要以為你自己懂很多……你還差得遠呢！」

「你怎麼那麼笨？這樣講當然是錯的！」

當對話裡參雜了這些壓抑或貶低的負面情緒，話就講不下去了，當下的溝通也會停止。

溝通要能夠自然，就要遵守一些基本原則。談話裡不該有的，是那些帶有情緒性的字眼，不要給一些壓抑、負面的想法，或是用看不起的口氣去貶低孩子。不管你同不同意，都應該要給予空間，讓對方可以好好的講完。

如果爸媽的表情很兇、臉很臭，或總是表現出一副嘲弄的樣子；別說是小孩了，只要是正常人都不會想理你。

小孩子常會覺得跟父母講話搭不上線。不管父母講什麼，好像都會有很多的阻礙或是不對焦——你講的明明是這個，他講的偏偏是那個，就對不上話了。久而久之，就話不投機了。

其實，小孩子就希望跟爸媽講話不要有壓力，能夠很順暢的溝通。但真正能做到這一點的父母親，只是鳳毛麟角。

二：接受與肯定

只要孩子的選擇是正面的、合理的，做對的事情，而不是不品格、不正當、不合法的，父母都應給予正面的接受與肯定。

比方說，孩子要去幫朋友搬家，或是跟同學計劃一起推行環保活動，或是他自發性地想要學習，不管他的興趣是什麼，父母都該要予以肯定。

但是，若孩子嘲笑別人、投機取巧、偷東西，或是陷害他的朋友，當父母的人就不該去肯定或擺出一副沒什麼關係的態度，這樣便會讓孩子是非不分，也寵壞了他們。

也有些時候，爸媽會吝於給孩子肯定。一來是怕孩子變得過度驕傲，二來是擔心他被肯定之後過於自負，就停在那兒不肯再努力進步了。

其實，為了怕孩子得意忘形而不給予肯定，是不必要的顧慮。孩子是越被鼓勵就會越上進，不必庸人自擾。

不過，也有些情況是父母自己不願意給予肯定，甚至還說風涼話：

「有什麼好得意的？有什麼了不起？」

「你拿第一名又怎樣？比你強的人滿街都是！」

「很會打球要幹嘛？考個好學校才有用啦！」

「現在交女朋友，想花我的錢是不是？等你以後會賺錢再說啦！」

「你去考也不會上的啦，你沒那個狗屎運的。」

這些父母不但不肯給予肯定，甚至還加以嘲諷，對孩子而言是非常大的傷害。

如果爸媽總是給予非常正面的肯定，孩子會覺得被愛、被信任，做起事來會更認真，也更喜歡自己的父母。相反的，如果父母的回應態度總是冷嘲熱諷，孩子就會感到心灰意冷，除了變得沒自信之外，做事情也提不起勁，甚至變得憤世嫉俗，覺得人生沒什麼意思，未來沒有希望。

「肯定」的動作，一定要用在孩子做對事、有好的表現，或是他真的有進步的時候，這些都是努力付出之後得到的結果。例如，當孩子學會變魔術或翻跟斗，或學會彈琴、修理電器，或持續地保持房間整齊，上學不會忘東忘西，功課永遠準時完成，像這樣的事情就要給予肯定。

不過，「肯定」並不等於「放任」，父母不能肯定孩子的任性，或是根本沒什麼東西好肯定，卻胡說八道一番。例如：

「哇，我的兒子最棒了，做什麼都好！」

「你好強，真聰明，將來一定會成功的！」

「我女兒說了算，她說好就是好。」

爸媽的態度就是：不管孩子幹什麼都沒關係，一切都無所謂，反正孩子是無敵的天才……這種肯定就會讓孩子被　壞而墮落。反正父母保證什麼都好，就算天塌下來也有人頂著，日子久了，孩子就不負責任了，變得任性放縱，甚至還真的相信自己天下無敵，講出來就真的叫人傻眼了。

小孩子很希望父母為他站台，認同他所做的事情，接受他的想法。不管今天你在社會的地位如何，或是你闖出了什麼事業，擁有什麼樣的才華，心裡都還是希望父母能以自己為榮。

三：了解與支持

孩子很想要父母的了解，知道他喜歡什麼東西、有什麼興趣或嗜好，或是他喜歡的生活形式。

譬如說，你喜歡彈吉他，你當然會希望父母支持你彈吉他。你很喜歡打籃球，心裡當然會希望父母支持打籃球；你喜歡音樂，就會希望父母支持你學音樂。

前一點所提到的「肯定」與「接受」，只是得到父母的認同，拍拍手說：你做得好、你這樣是對的，或爸媽與你的想法、感覺是一樣的。當孩子覺得做到了，父母可以接受他達到某種水準並表示喜悅，這就是一種肯定。

至於「了解」與「支持」，程度就更深了。這並不只是說一個「好！」，或告訴你「哇！你好棒！」的感覺而已。

「了解」與「支持」已經包括了認同、接受與肯定，但它還加上了生活上的身體力行。除了知道你的想法、怎麼回事，為什麼事情會這樣發展，同時也能明白孩子的選擇，進而願意與你一起同行，給予空間去自由發展。

這種感覺，就是讓孩子知道父母跟自己是同心的，是同一條船的，不管是要一起前進或是決定放手一搏，他們都會挺你到底。在人生裡所遇到的狀況，經常是支持孩子嫁給她愛的人，或支持孩子想要走的路線、選擇的工作行業或生活形式。

有些時候，爸媽自己並不贊同某些觀念，但他還是了解孩子的決定，也支持他去做這樣的選擇。這需要非常大的氣度，且雙方在溝通的困難度頗高；許多父母就是做不到，所以跟孩子決裂甚至反目成仇。

但也有些時候，孩子為了堅持自己的理想，努力奮鬥了十年甚至過了大半輩子之後，有一天終於得到父母的「肯定」——努力了這麼久，他們終於願意點頭了。這就是為人子女者想要實踐夢想，在人生旅途中要親身經歷的一個體驗。

最好的情況，是父母都能接受、能了解，也支持孩子的想法。但說得很容易，要做的時候就是做不到，常要等到數十年之後才能認同。有些個性比較鐵齒的父母，寧願選擇一輩子抗爭到底，讓孩子永遠得不到支持，自己也沒辦法釋懷，最後雙雙抱憾而終。人生最大悲哀，也莫過於此吧！

孩子長大了，會有他自己的哲學、想法跟觀點，父母願意花精神去體會孩子這麼做的心意，了解之後能夠去給予支持，是天底下最可貴的情操。比方說，你很喜歡音樂，父母了解你有這方面的天賦，無條件支持你以後會走音樂相關的路線。有些父母雖然願意了解，卻不願意給予支持，一直提出反對的意見，這就是小孩之所以會跟爸媽唱反調的關鍵原因。

Q：如果孩子要走的路線是不生存的，父母還要支持他嗎？

如果孩子選擇要走歪軌，那就一定不行。這裡所提的歪軌，是指那些違法犯罪的、最後不會有好的下場的路線，而不是那些父母自己不同意的方向（如孩子說要學藝術、學音樂等等）。

孩子要做那些犯法的事，父母既不該支持，也不該給予任何幫忙。除非父母自己也是同夥的共犯則另當別論；但那是父母自己品格的問題。

若一開始就已經知道會是悲劇收場，就不應該被支持。有些孩子強逼著父母去接受他那些不生存的想法，其實是相當殘忍的，等於是逼著父母看著孩子自尋死路。若是悲劇發生了，也只能無奈地去面對。

假設孩子已經成年，有自主權了，卻還是堅持要去混黑道、去吸毒或是去賭博等等，做父母的就必須聲明無法接受，必要時還得劃清界線，而不是一味地姑息養奸，甚至為了包庇孩子挺而走險。

人生的戲碼，演到最後到底是喜劇還是悲劇？完全是個人的選擇。如果你夠理智，就不該支持這些不生存的行為；若因為割捨不了骨肉親情而縱容孩子作奸犯科，最後釀成悲劇了，你也就只好認了。

四：不唱反調

所謂的不唱反調，就是不會處處給予約束限制，不會為了反對而反對，沒有任何負面的想法，不會整天碎碎唸。

用另一種說法，就是給予孩子足夠的空間，而不是一直跟你過不去，一天到晚覺得這個不行、那個不行，抹煞掉孩子很多的想法，這種感覺非常讓人厭惡，也會造成孩子對父母親失望透頂。

小孩子常會對許多事情感到有興趣，也希望父母能夠給他空間盡情發揮。然而，父母往往基於自己過去的失敗經驗而給予過度阻礙，常會說出負面、操心的話，壓抑了孩子原本願意學習的興致。

舉個簡單的例子：許多父母一直希望自己的孩子能夠去考高考，當個鐵飯碗的公職人員。但孩子希望能夠找個自己喜歡的工作，他想要去做平面設計、廣告行銷或做生意等等。這些方向並不如父母親所願，只要孩子提到這些事情，爸媽就一再的對他唱反調。

像這樣的衝突，在生活裡一再發生，日復一日、年復一年的碎碎唸、耳提面命，每次過年聚會，父母都要繼續說個三天三夜；就算說話的人嘴沒說破，聽的人耳朵都長繭了。這種互相折磨的事情，實在沒什麼必要。

孩子的命是父母給的，但他的命運不應該是父母決定的。孩子大了，就應該讓他做自己的決定、做他想要做的事，就像小鳥的翅膀長硬了，就應該讓牠自在的飛翔，不是嗎？

五：在一起很開心、很快樂

孩子很容易被父母的負面情緒影響，嚴重時，甚至會造成無法彌補的傷害。

試想一下：每天跟你在一起的人總是每天眉頭深鎖，是不是讓人非常反感？原本孩子希望爸媽可以在他們遇到困難時指引一個方向，但看起來爸媽都泥菩薩過江自身難保了，又怎能對他們有什麼樣的期待呢？

當然，身為父母的人總是會有很多的藉口，說自己因為百般忙碌，有許多繁瑣的事務纏身，自然是連笑都笑不出來。孩子的世界整天無憂無慮，彷彿天塌下來也不關他的事，當然笑得天真燦爛。

但是，不管當父母的人再怎麼不開心，那是你的世界所發生的事情。孩子本來就應該開心地笑、快樂地玩耍，你不應該讓孩子跟著你一起愁眉苦臉，這就是身為父母應該做到的品格。

孩子希望父母可以開開心心，可以笑容滿面，可以很幽默、很風趣，在一起就是很開心。天下的孩子都很在乎這一點。

父母親若希望給予孩子最好的愛，最重要的一點，就是自己可以很快樂。孩子打開家門最希望看到的，就是父母開心地走過來，給予一個熱情的擁抱。他們的願望很簡單，就是跟父母相處的時候是融洽的，不必幹什麼特別的事，只要在一起很舒服，這樣就夠了。

其實，孩子要的真的很簡單，簡單到讓你難以置信。

第六章
父母的種類

一般型

這一章要來談到一般常見的父母類型。

雖然下面會提了不少的分類，這些分類只是概括性的，而不是絕對性的。你不需要極端地認定說：「沒錯，我爸媽就是第五種的啦！他們總是對我有過度的期待……」我不是要你拿這些種類去檢視、批判你的爸媽，這樣誤會可就大了。

你要知道的是：這些不同種類、不同性格的父母，會帶給孩子怎樣的影響？親子之間的相處會是怎樣的情況？

跟這樣的父母，我們要怎麼樣去跟他們相處？

這才是咱們真正要討論的重點。

一：平凡簡單的父母

第一種類型的父母，他們過的生活非常平凡，對子女的要求也非常簡單。他們沒有什麼想要改變或是突破的野心，個性是很溫和的，和他們相處是很自在的。

這種類型的父母也是一般人眼中容易相處的好朋友。普遍來說，他們所帶出來的孩子會比較憨厚老實，比較和藹可親，對待朋友也很有愛心。

因為父母的生活很簡單，自然也不會有什麼特別的作為，平常不會有太多的交際應酬，他們的人生也沒有高低起伏的大風大浪。他們寧願與世無爭，開開心心地過著平靜安逸的日子。

從子女的角度來說，和這樣的爸媽相處起來很容易，只需要簡單地照顧、關心他們就可以了。他們並不會要求孩子一定要怎樣，或是開出什麼特別的需求。他們希望自己跟子女的生活可以悠遊自在，不會有什麼特別的心機，也不容易發生什麼不愉快的事情。

二：隨興發揮的父母

這類型的爸媽不會去約束孩子的發展方向，任由孩子盡情發揮自己的才華。

孩子喜歡什麼，就讓他發展，沒有什麼限制跟標準，沒有非得怎樣或不怎樣才行。你想要讀書就讀書，你要打球就去打球，你要彈琴就讓你去彈琴……當然啦，這些事情並不包括吸毒或飆車這類犯罪的事情。

在這種環境長大的孩子非常自在，爸媽跟孩子的空間都很大，孩子也可以有自己的想法。不過，未來的成績到底會怎樣，要看孩子本身對自己的要求，不同的個性也會發展成不同的結果。

如果孩子對自己要求的標準很高，做什麼事都很有紀律，爸媽的態度對孩子來說就是一股強大的支持。如果孩子很會找漏洞偷懶、常常擺爛或是半途而廢，做事情只有三分鐘熱度，爸媽卻不太要求管理，反而就會沒辦法栽培到孩子，也無法讓他學習如何堅持到底。若只是一味地放任他恣意妄為，這樣就適得其反了。

如果你的父母是這種類型，和他們相處的方式非常簡單。雖然爸媽表面上不太管事，但他們希望的，只是讓你發揮自己性格上的特長，做你自己喜歡的事情，換句話說，他們希望孩子能為自己的人生負起責任。

他們的要求很簡單。有什麼事情，都記得跟爸媽報備一下，讓彼此都了解雙方的想法就行了。如果有空想要探望父母，隨時都可以回家一趟；就算你有事情沒辦法回去，他們也不會有什麼抱怨。父母希望自己的生活有很大的空間，同樣地，他們也會給予孩子很大的空間。

三：掌控一切的父母

這種父母會讓孩子感覺到一種非常強烈的意圖：他希望掌控小孩所有的一切。

這種類型的父母，一般來說都很有學問、很有能力，在社會上往往也是有頭有臉的菁英人士。這些爸媽很聰明，見過大世面，他們相信自己所做的一切都是對的；基於保護孩子或是為了孩子好的理由，他可以徹夜不眠，只為了想出一套最好的教育方式，為了孩子赴湯蹈火，不管什麼事都一定要管到底，選擇他自己認為最適合、最生存的路去讓孩子去走。

雖然這些爸媽對待孩子的方式讓人頗為難受，但出發點是基於善意，這是他們認定的愛。他們很有責任感，也會盡全力做到最好的表現，當孩子遇到任何問題，只要孩子能夠講出來，他願意坐下來秉燭夜談。但是，他還是會要求控制一切，做為他們的孩子也非常辛苦，做什麼事情都綁手綁腳，無法隨心所欲。

不過，事情總要從兩面來看。會被爸媽牽著鼻子走，子女們也要負很大的責任！就算沒有爸媽的出謀劃策，一樣也可以成功，一樣可以出人頭地；要不要被爸媽控制，也是孩子自己的選擇。

當孩子還小，無法明辨是非的時候，父母親通常都會主導孩子的生活。不過，這類型的父母就算當孩子長大了，還是會表現出強烈的控制意圖。

比較諷刺的是，有些家長希望控制小孩，卻又控制不好自己，火爆脾氣隨時上來，動不動就提出一些不合理的要求。在這樣環境成長的小孩，通常會比較叛逆，也比較容易情緒激動，相較於一般的孩子來說，也比較難以和平相處。

當然，這也是因人而異的，不是全部愛控制的父母都這麼歇斯底里。只是以比例來說，這些父母通常也不是很好相處的人，在職場上、朋友圈子裡也會表現出同樣的個性特質。他們喜歡控制，強制要求一定要這樣不可、非那樣不可——考試一定要全班前三名，不准浪費時間打棒球，學音樂只能學大提琴，來往的同學一個個檢視，像身家調查一樣……，在父母的調教之下，孩子就會有同樣的風格，多多少少就會變得比較強勢。

爸媽掌控了一切，認為應該為孩子付起一切責任。然而聰明反被聰明誤，這麼做往往會讓孩子曲解了責任的意義，甚至長大之後呈現不負責任的態度。

對於這樣的父母，該怎樣跟他們在一起相處呢？

即使爸媽一直不讓你發表自己的意見，你還是得要學習說出內心真實的感受，要勇敢講出心裡的話。你的表現也要比較獨立，有自己的判斷跟想法，必須讓爸媽能夠放心，他們才不會一直想要對你管東管西。

如果爸媽一直對孩子的意見評估貶低，個性不夠堅強的孩子就會變得不想管事，而且隨著時間越長，不想負責的狀況也會逐漸惡化。除非等到你能完全地獨立自主，離開父母的控制為止，在這個過程中，你自己進步的速度要夠快，才能抵禦住爸媽的壓抑。

簡單來說，孩子自己要比爸媽能夠講話，而且要做得比他們期待的更好，比他們更確定自己未來的方向，大家的關係就不會這麼僵。相對來說，如果孩子不能做到這樣，就算表面上爸媽罩住了所有的事，親子關係仍然不會變得比較開心。

Q：就算孩子做得再好，爸媽還是要管，又該怎麼辦？

有很多的父母，不管孩子做得再出色，他一樣就是要管；孩子到了可以自己決定的年紀，父母仍堅持一定要照他們的意思才是對的。在這樣的情況下，小孩往往會習慣擺爛或失去選擇能力，甚至有偏激、叛逆、憂鬱、不自信、散漫等等的傾向。不管症狀如何，最後都是同樣的結果：極度不快樂。

若爸媽硬是要管，你就得尋找自己的人生方向，學會對自己誠實。或許，孩提時代在家裡百般痛苦，卻又無法離家出走；當你長大成年之後，最好盡快從家裡獨立，可以先從經濟上開始過著自力更生的生活，不再受到爸媽的控制。只有當你做自己的主人，才能站穩雙腳，走在屬於自己的人生路上。

當你做到經濟獨立時，就要學會第二步：溝通。你必須堅持自己要走的路、過自己想要的生活，即使爸媽強烈反對，只要能夠一次又一次地跟父母好好溝通，人生就會越來越有希望，日子也會越來越舒服。等你有了自己的空間，就能用自己的方式與心意，好好地去愛你的父母。

四：聽話就好的父母

這種父母總是要求孩子一定要聽話。他不見得會很兇，但他會一直不斷地要求孩子要聽話，從小就灌輸孩子「服從」的觀念。

與前面「控制一切」的父母相較之下，這些爸媽是無知的，是自私的。舉例來說，或許爸媽自己是附庸風雅的文藝青年，或是他很努力賺錢讓孩子讀到博士學位，但每次意見相左的時候，不管怎麼講、怎麼辯，他一定會想盡辦法讓孩子知難而退，一定要子女聽從他的意見。就算孩子唸了再多書，再怎麼跟爸媽分析道理，通通都沒有用。

很明顯地，這種爸媽的溝通方式一定會有不講理或是壓抑小孩的問題。他們的立場很清楚：我是你爸媽，不管我說什麼都是對的；既然你是我的孩子，就要聽我的，除了聽話照辦之外，其餘都免談。

被這樣教出來的小孩比較乖，比較溫馴；但相對的也比較不靈活，腦筋常常轉不過來。有時做一些需要獨立思考的事情，他的反應會比較慢，因為從小接受的訓練就是只需要聽話。不管做什麼事情他都不需要思考，反正按照指令辦事就對了，其他都不必管；相對的，情緒上也會比較低落。

如果你的爸媽是這類型的父母，該怎麼跟他們相處呢？

我們要先來了解這類型父母的心態。他們非常擔心孩子處理不來這些大大小小的事情，所以凡事都先給他一套「標準作業流程」，只要按照流程來走，就不會出問題了。但是，這一套流程是爸媽自己的思維，有些甚至是錯的，想法相當偏頗。

父母怎麼教育，就會有怎樣的孩子，優缺點也不一樣，總是有正反兩面。父母要求你一定要聽話，聽久了以後，想要跟爸媽談心就比較困難，因為你做什麼事都不需要用腦，沒有自己的想法與判斷，當然就永遠長不大，你跟爸媽的關係也無法自己作主。

想要克服這種管教的障礙，跟前面「控制一切」是一樣的。首要條件，便是你要能夠學會獨立自主。

不過，按照這種型態的教育方式，孩子實在很難有自己的想法，除非你能夠主動爭取到資源，但老實說，非常不容易。

「我有不同意見，到底該不該講？」

因為把心裡話講出來之後，被打槍的機率幾乎是99%，只要不順爸媽的意思就會發生嚴重摩擦。當你要表達自己的想法之前，還要先經歷一段極度痛苦的天人交戰，所以在孩子心裡，想要「忠於自己」反而變成是一種矛盾。

有時候，我們要愛父母並不是這麼簡單。因為彼此已經習慣某種相處的模式，那麼，等到孩子長大以後想要扭轉成另一種方式，困難度是非常高的。

父母若是蠻橫地要求孩子一定要聽話服從，親子關係會漸漸變成彼此都在做表面功夫，陷入一種虛情假意的「無情狀態」，或是如同行屍走肉般地的「無意識狀態」。平常一樣過年過節，大家相聚吃飯，但父母跟孩子並不親密，交談也開朗不起來。因為孩子只能閉嘴，表面上只能裝乖，但他心中有許多不舒服，卻沒有機會和父母交流，當然不會有真正的感情。

不過，不管孩子怎樣被壓抑，他的心裡終究還是愛父母的。所以長大之後，逢年過節他還是會回家，禮貌上還是會叫一聲爸媽；但心中的那道高牆永遠佇立在那裡，彼此都無法跨越。

如果你的爸媽是這種類型，首先你要了解的重點是，發現這樣的事實也不必難過，你只需要了解這樣的狀況並不是你造成的。除非父母有進步，否則要求「一定要聽話」的狀況永遠不會改。你必須積極地去找到自己的人生方向，要有自己的定位與目標，創造自己的家庭、自己的空間，不受環境因素的影響。

至於與父母親之間的關係，要轉變成你能夠有主導權，你可以決定想做什麼就做什麼，不因為父母的意見而每多掣肘。你必須知道，他們是不會跟你講道理的，你也不必硬要去跟爸媽講道理、去討論誰對誰錯。就算講了也於事無補，甚至還越描越黑，只會越弄越糟糕。

在人生的大方向上頭，你要很清楚自己的底限。在底限範圍之內，只要無傷大雅，可以盡量順著爸媽的意思，看他要怎樣就怎樣——何必在乎一定要吃中餐或吃日本料理呢？他在飯桌上不准你發言，你就不要講話；他要你穿西裝出席，你就穿西裝，他要給錢你就拿，他不給你也不需要爭……諸如此類的，都是可以退讓的小事。

在他的世界裡，就照他的標準，你毋需去干涉。但你也有自己的世界，有自己的決定及標準，不能一味地盲從！在底限之外的，你就不需要做。要是爸媽強迫你做，就調頭走人。

這個判斷的標準是：你不要讓自己不開心，強迫去做自己不願意做的事。你千萬不要冀望父母會因為你很聽話而感到開心，也不要擔心你的堅持會讓他們不高興，一切就是由你來主導，你得先保住自己的空間。

要特別提醒的是，在這樣的情況下免不了會犧牲「天倫之樂」——只要爸媽沒有改變他的態度，什麼事都堅持一定要聽他的，就是無解。這樣的親情一定不會多融洽，因為你不可能 100% 都順著他的意思。

即便如此，只要你能夠自主獨立，親子之間的關係會比完全不理解、無意識的狀況好上太多了。等到你有了自己的空間與成就，擁有自己的家庭與子女之後，你跟爸媽的關係還是可以修復的。你會很神奇地發現，爸媽也不會真的怎樣。他們不會去自殺，不會被氣死，但也不會因此改變態度，仍是依然故我地過著他的生活，沒你想像的那麼慘！

這樣的親子關係，最大的問題是子女在發生衝突之後，孩子自己無法釋懷，累積了許多不滿，經常想去找爸媽吵架、辯論，跟他們談論是非對錯，想要討個公道回來。

「為什麼我要聽你的？」

「難道我做的都不對嗎？」

心中的不滿，就是造成彼此關係僵化的原因。這就是子女自己的問題——誰不舒服，誰就有問題。

你不能去強求別人進步，只能要求自己進步成長。當你夠成熟了，不再去爭對錯，不再去討公道，也不再去怨恨父母，那一天就會風平浪靜了，世界的一切都變得風平浪靜，至少爸媽不會像以前那樣的不可理喻、莫名其妙，是嗎？

五：過度期待的父母

這種爸媽會給孩子過多的期待、過度的在意，無形之中，也給了孩子非常大的負擔。

普遍來說，這樣的家庭背景是比較悲情的。可能是單親家庭，或是父母有悲慘的過去，上一代曾經被不合理的欺壓。現在有了下一代，他希望藉著孩子來證明自己有辦法扭轉劣勢，或是完成自己沒實現的抱負。

也有另一種狀況。父母為了滿足社會的標準或虛榮，期待自己的孩子一定要成為醫生、律師、政治家之類的社會菁英，要求孩子一定要成為人中龍鳳，為自己揚眉吐氣。

父母對孩子有所期待是很正常的事。但過分的期待不僅不會讓孩子出人頭地，反而會變成壓倒駱駝的最後一根稻草。只要孩子表現不符期待，彷彿全家族都跟著一起丟臉；或是子女沒辦法為爸媽的夢想站台，父母便感到失望，也就不那麼愛他了。這種期待當然不會讓孩子很開心，親子關係也會變得很不正常。

有些父母表達期待的方式是很變態的。每天照三餐提醒孩子希望的目標是什麼，甚至還有人用一哭二鬧三上吊的手段，簡直比小孩子還幼稚，更是讓所有人心存反感。

如果遇到這樣的爸媽，孩子要能夠清楚地說明自己的心情，被過度期待的感覺是什麼。如果你能做到爸媽期待的標準，自然兩邊都相安無事；但如果你做不到、不願做或是心有不甘，就要讓爸媽知道你心裡真正的想法。不然，越多的期待只會換來越多的失落罷了。

若是你已經長大了，要學會將這些包袱放下，不要被這些期待壓得自己喘不過氣。有些人一輩子都活在爸媽的期許之下，自己卻過得很不快樂，永遠沒辦法去做自己真正想做的事。要是你活著的目的只是為了滿足別人，完全忘記了原本的自己應該是什麼樣子，永遠都不可能會快樂。

你可以試著去理解，為什麼爸媽會有這樣的期待？是出自於什麼樣的理由，還有什麼樣的背景因素？暫且不論你是否能做到爸媽預期中的目標，你還是可以給予父母需要的愛，但這些愛，並不是為了滿足他們的期待。

對於這類的父母，必須給予大量的溝通。這些溝通或許是安慰、鼓勵或是讚美，也可以是陪在爸媽身邊，好好地聆聽他們說話，找機會讓他們放下這些把所有希望寄託在下一代的心情。

至於孩子自己則必須要有足夠的自信，可以勇敢地做自己，也要讓自己有足夠強悍的生存能力。這些能力可以是溝通的能力，也可以是賺錢的能力，讓自己擺脫父母期待的壓力。

如果孩子在成長過程一直被這些包袱壓抑著，長大之後便不太習慣表達自己的情感，對下一代的小孩教育也會持續重蹈覆轍。在壓抑下的生活是非常不健康的，千萬別讓自己跟下一代繼續忍受這樣的折磨。

六：不見人影的父母

這類父母平常都很忙碌，在家裡往往不見蹤影，有時是在外地工作，有時是長期出差，有時是旅行，孩子見到爸媽的時間不多。

照常理說，在這種環境下成長的孩子應該個性會很獨立，但在溝通方面比較不擅於表達自己的情感。雖然他們會掛念與擔心，但因為沒有機會跟爸媽常在一起，許多親密的話講不太出口，平常也比較不親近。

親子之間若有這樣的情形，其實也不是那麼糟糕。現在科技非常發達，如果能夠隨時保持連絡，親子關係還是可以維持得很好。要愛這樣的父母，要能夠明白他們的生活型態，有些時候父母在忙，沒時間講太多話，孩子自己要主動製造機會去跟他們多講話，想辦法多問一些問題。父母就算再忙碌，還是很期待孩子能夠主動親近，在一問一答之間，把自己想知道的資料找出來，也趁機表達自己的情感。

這些父母通常以工作為重，或是專注於追求自己的理想。然而，這樣的人其實都非常好說話，而且能夠快速抓到重點，孩子只要說出自己的需求，爸媽通常都會想辦法解決。

他們或許不會有太多的時間可以坐下來促膝長談，也不可能整天跟孩子在電話裡講個不停，談話內容也頗為簡潔，但不管發生什麼事需要處理，只要在合情合理的範圍之內，父母都不會刻意為難，甚至不會過問太多。他們可以給孩子的時間有限，必須盡快了解孩子的需求，幾乎是有問必答、有求必應，相當有效率，對小孩的要求不高，給予的空間也很大。

要是爸媽真的沒空，孩子要諒解父母的處境，不要連絡不到人就無理取鬧，今天沒空說到話，下次再打電話就好了。不需要借題發揮，一口咬定爸媽不在意我的感覺，而刻意與他們疏遠，但其實心中非常失落。

這裡所討論的，是孩子應該了解的部分，但往往在成長過程中沒人說明，父母也沒花時間去解釋，孩子還沒有搞清楚爸媽的情況之前，就已經蓋棺論定爸媽不愛自己了，長大後就得花很多心力去彌補自己內心的失落。然而，這些都是可以避免的。

你要了解，父母為了工作、賺錢甚至自己的夢想而忙碌，是一件很偉大的事情，做子女的要懂得欣賞他們，讚美他們，有機會也要鼓勵他們，而不是自私地想著：爸媽不理我、不在乎我、不懂我的心、他們是不是放棄我了……這樣的鑽牛角尖，並不會讓你跟父母的關係更好。

你想愛父母，就應該主動去表達，找機會去親近他們。想要更頻繁的溝通，可以由你來主導，而不是被動地等父母有空再來找你。若你是被動的，可能一年等不到幾次；若由你主動來連絡，就可以創造更多的機會。

七：教育輔導的父母

這類型的父母非常了解小孩，對子女的一舉一動都非常關心。但他們並不是用強勢的態度去主導孩子的生活，而是站在從旁輔導的角度，以不壓抑的溝通去教育小孩。這也是最正常、最完美的一種類型。

重點並不在於這些父母使用了什麼樣的教育方法，而是他們為孩子所做的每一件事情，都是建立在「了解」的基礎上。他們會先詢問孩子的意願，再決定下一步該怎麼做。在生活中，這些父母花了很多精神去研究孩子的行為，不管再忙都願意陪著孩子講話，聽聽他們心裡到底在想什麼。

這樣的小孩會比較正常，在成長過程裡會覺得比較滿足、比較獨立自主，比起其他的孩子懂事許多，也更有意願去做事。他們的個性很開朗，人際關係很和諧，也比較能夠去愛身邊的人。

跟這樣的父母相處非常容易，因為他們是非常明理的。孩子小時候由爸媽輔導，等到長大了，同樣也可以給予父母親一些方向，他們也可以欣然接受，互相照應。你要跟爸媽出去旅遊，帶他們去參加一些聚會，或是請他們接受最新科技的治療方式，一切都是可以談的。不管有什麼事情，他們都願意坐下來好好溝通。

其實，父母跟小孩除了要相愛之外，也要互相了解彼此想要、需要的東西；就算無法完成對方的期待，也不必過度勉強與苛責。如果父母常感到自責，小孩子也會不舒服；孩子常自責的話，就沒有辦法放手去愛。

愛，是從小就要培養的能力，而且越早訓練越好。經過長時間的磨練之後，愛人的能力才會越來越純熟。當孩子年紀還小時，需要受到父母的關愛與教育；只要父母能夠做好一個從旁輔導的角色，等到他們長大了，溝通管道是暢通的，這些良性的互動會一直存在，而且不會變質。

第七章 父母的種類

特殊型

八：完全放任的父母

這裡所提到的放任，跟前面第二點的「自由發揮」是不一樣的。

這種父母對小孩的管教等於是完全的放縱。爸媽可以給孩子很多零用錢，但是他們卻完全不關心孩子怎麼花錢。他可以買一台車給小孩，卻不在乎他在外頭橫衝直撞，闖下滔天大禍也無所謂。

在放任下教育出來的孩子，因為得不到爸媽的關愛，將來長大了會比較冷酷無情；旁人對他的感覺其實也滿淒涼的，這又是另一種不為人知的痛苦。這些孩子往往是團體裡的頭痛人物，但他也不是真的壞心，只是不管做什麼事情爸媽都漠不關心，他總是希望做些什麼來引起爸媽的注意；偏偏爸媽就是一副「隨便你」的態度，孩子從小就沒有人教、沒人管；也沒有正確的是非觀念。

更糟糕的是，因為爸媽放牛吃草的管教，孩子講話從不要求要精確，甚至把說謊變成習慣。反正話隨便亂講也不會怎樣，要不然就編個理由唬弄過去。然而，孩子的本意並非刻意想要騙人，但習慣性撒謊之後，自然變得不誠實。久了之後，他在做人處事上也會變得跟父母一樣放任，想幹什麼就幹什麼，出了事情也沒人理會，在他的字典裡根本沒有「責任」跟「誠實」這兩個字。

在這種環境下成長，通常是比較悲觀的。或許在物質上不虞匱乏，但卻沒有愛，精神領域的指數幾乎等於零。既然爸媽都不想管了，老師、親友們也很難對他有什麼太大的影響，孩子既不相信愛，也不信任任何人。

如果你的爸媽是完全放任的類型，自己要先放掉心中的恨意，要先學會去愛他們，學會去付出貢獻。不要計較爸媽對你的態度，否則的話，這種被忽略的感覺往往會轉化為恨意，或是變得不在意任何事情，不管做什麼都我行我素，讓身邊的人覺得你的行事態度非常囂張。

然而，在這種環境之下成長的孩子，想要去愛父母時會有一種無力感——「爸媽都不在乎我了，我要怎麼去愛他們？」這種平衡關係很難建立起來。這也關係到意願的問題，不見得每一個案例都可以完美收場，但至少要做到讓自己不去恨他們。

如果心中有恨，又何來的愛呢？

要是爸媽有這樣的問題，你也不需要去分析為什麼他們會變成這樣，原因並不是很重要。反正爸媽是這樣對待你的，你要了解這個事實；不要怪罪自己命運不好，父母會有這樣的狀況，並不是你能夠控制的。

當你了解天下也有這種的父母之後，就不會覺得人生很悲觀，一直怨恨蒼天無眼，這些負面情緒都是沒有必要的。就算你真的沒人管，沒人愛，也不必因此自暴自棄。你還有老師，還有朋友，最後還有一個世界上最好的朋友——就是你自己。你要學會做自己的老師，當自己的知心，學著獨立自己站起來，天助自助者，你得為自己站台，開創屬於自己的一片天空。

爸媽什麼事都沒教你也無所謂。只要你能夠好好努力工作，在生活中不斷生產，就會領悟出生命的道理，了解怎樣做才是人生的正軌。在這世界上，還是有許多願意幫助你的好人，只要你願意多做一點事，不斷付出自己的一份心力，做多了自然就有回饋；在茫茫人海中，你會見到一線曙光。

每個人都希望擁有天倫之樂。擁有好的父母，自然是非常美好的事情，但就算你沒有得到父母的愛，你也不見得失去了一切。生命裡還有許多美麗的風景，還有許多人願意跟你分享，願意像對待家人那般地照顧你。只要堅強地走下去，創造了自己的家庭，努力去管、去教、去帶、去愛，久而久之，你也會有人管、有人帶、有人愛。

或許，這樣的歷程在人生的順序裡是顛倒了過來，等到長大了才能享受天倫之樂，但這又何嘗不是人間的另一種美？苦盡甘來，如同倒吃甘蔗。千萬不要讓自己陷於悲觀，找到任何墮落的藉口就放棄進步。人，要為自己的人生負責，走出屬於自己的路，開創自己的王國。

Q：父母無愛，自己如何無恨？

做為子女的人，不必因為父母無愛而心中充滿恨意。你要讓自己如同蓮花一般「出淤泥而不染」，不要受環境的影響。或許，你的父母從小也沒有被愛過、被好好管教過，他的確有他的問題，但你不必去承擔，也不需要接受這樣的情況繼續過下去。

老一輩的人常常會提醒我們做人的道理：不是一定要人家對我們好，我們才能對別人好，更不是當人家對我們不好時，我們就一定要以牙還牙，反目成仇。就算沒有人教，我們還是可以從自己開始學會著如何去愛。

如果父母不愛你，你得學會放下，讓它順其自然。你還是可以愛他們，不過，你一定要遵從自己的意願。如果你不想愛，也不必勉強，不需要逼著自己拿著熱臉去貼冷屁股，這樣的方向也是不對的。一切就讓它自然發生，不必特別強求。

就算父母不愛你，你也可以用「老吾老以及人之老」的態度去昇華自己的愛，把愛分給其他人。天底下有許多沒有父母的人，爸媽不愛你，其實也沒有那麼悲情，不需要太鑽牛角尖在這件事情上。

你要去想的，是怎樣才能讓自己更健康、更快樂，積極正面地去經營自己的人生。你還有自己的家庭要顧，還有配偶的父母可以去關心；當有了孩子之後，也可以讓自己做個好父母。人生裡有很多不同方向，可以讓你去創造「愛」，不要太侷限於非得愛自己的親生父母不可。

九：打罵教育的父母

這類型的父母讓小孩感覺到一種難以親近的特質：情緒化。他認為「打是情，罵是愛」，對孩子的教育管理方式一定要用強硬的手段，因為「愛之深，責之切」，不打不成器，棒下出孝子——他崇尚的就是這套理論。

嚴格來說，這種管教方式有點亂來，因為家庭畢竟不是軍隊，那種「一個指令，一個動作」的教育方式，如果沒有搭配合理的溝通，只會把小孩塑造成更加冥頑不靈的暴徒。

打罵是壓抑的方式，目的只是要造成孩子恐懼被處罰的心理，並不是真的要他去理解為什麼這件事不能做。對沒有反抗能力的孩子來說，用這套管教方式其實非常殘忍，也非常不合理。換個角度來看，這種方式也反映出了父母自己的不理智與無能。

如果爸媽真的要打、要罵，也要給予合理的解釋，要不然就等於是「不教而殺謂之虐」，跟暴君沒什麼兩樣。當孩子被打到皮厚了，所有的招數再也不管用了，他就會變成脫韁的野馬，把過去累積的怨氣一股腦地宣洩出來，甚至讓身邊無辜的人都受到池魚之殃。

有些爸媽喜歡選擇用打罵的方式教育孩子，偏偏自己的情緒也不很穩定，每次處罰拿捏的標準也不一致。爸媽的脾氣陰晴不定，孩子自己也會無所適從，這樣的教育既愛不到孩子，又讓他從小身心受創，根本是得不償失。

有時，孩子犯了嚴重的錯誤，爸媽竟然可以睜隻眼、閉隻眼就算了；有時候只是雞毛蒜皮的事，就突然被捉來毒打一頓。爸媽要不要打、要不要罵是看心情的，孩子就算犯了錯也不知道嚴重性，會不會被罰就像賭博下注一樣。所以，有些時候他還是會選擇鋌而走險，去做一些原本不應該做的事情，因為他心裡算計著爸媽不見得會處罰他。

如果每次犯錯或是做不好都會被爸媽修理，至少孩子會比較清楚這件事情到底該不該做。如果父母是亂打、亂管教，孩子搞不清楚是非對錯，不知道為什麼會被打，也不太清楚到底爸媽在罵什麼，他就會變成察言觀色的高手——爸媽情緒好的時候做什麼都對，情緒不好的時候就別太招搖，等到態勢比較和緩的時候再去興風作浪。

一般來說，會亂打小孩的父母，親子之間的關係會變得不夠暢通。表面上，孩子可能還是會擺出孝敬父母的姿態，但大部分還不到尊敬的程度；孩子一樣會愛父母，卻不會跟走得太親近，心門不會對爸媽敞開。這也是父母常會感受到的：「我的孩子對我很好，但是不親近」或「我孩子很孝順，但話不多」的感覺。

若雙方沒有進步成長，這些心理障礙大概一輩子都無法可解，親子之間只能停留在形式上的服侍與相處，感情上不太可能有所突破。

如果父母奉行的是打罵教育這一套，子女想要改善跟父母之間的關係，自己要先能夠明辨是非善惡，才能不受父母情緒的影響。不管爸媽態度多強硬，你一定要能夠保有自己的空間與自信；即使爸媽的情緒起伏不定，但你還是可以試著去了解他們為子女著想的心意。

爸媽會生氣，會大聲咆哮，甚至掄起棍子揍人，但他們的出發點仍是基於善意的，只是採用的手段拙劣了些。當你了解他們的心意之後，就有機會對他們提供更多的幫助。

Q：如何不受父母影響，自己分辨是非善惡？

所謂的分辨是非善惡，對孩子而言，並不是要你搞清楚這個世道怎麼運作的，而是要明白父母每一次的打罵與責備，到底是真心想要解決問題呢？或只是鬧情緒罷了？你必須搞清楚父母這樣做究竟是有道理的，還是失控才做出來的。

乍聽之下似乎有些困難，畢竟孩子是被打、被罵的一方，要平心靜氣地去分析事理並不容易。但你可以做的，就是冷靜地去觀察、仔細地去思考，其實並不難理解爸媽的心態。

就算一個三歲的小孩，都能察覺這當中的端倪——如果爸媽是真心想要教你、真心為你好，就算你被打被罵，心裡也會明白他說的是真的，不是意氣用事或心情不好才亂發脾氣。

假設媽媽只是自己工作累壞了，或是跟爸爸吵架、跟奶奶鬧得不愉快，便借題發揮把你抓來痛打一頓，你一定心知肚明，會覺得被冤枉，被打得莫名其妙，事情根本沒那麼嚴重，媽媽卻像個瘋婆子般地失控。

再舉一個例子。你亂動了爸爸的東西，爸爸想藉著教訓你來殺雞儆猴，向媽媽暗示別動他私人的東西。爸爸修理你的時候完全失控，因為他打你的目的是為了做樣子給媽媽看，這當中的過程究竟是在講道理還是在歇斯底里，是教你明辨是非還是在鬧情緒，其實你應該很清楚才對。

只要你去感受、去觀察、問問自己怎麼一回事，你一定會明白的。若你真的想不透，事後找機會問問爸媽，只要他們不在氣頭上，相信他會告訴你真象。

有時候，你會聽到爸媽說：「你當時就是這麼頑皮，實在讓人抓狂！」「那時不知道怎麼回事，我火氣上來了，下手有點重……」「你這種懶惰的個性，以後對你真的不好，我希望你要記取教訓。」「做人一定要誠實，你要做個信守承諾的人。」

是非如何判斷？你只要心平氣和地去問，爸媽都會告訴你。但你自己被修理時也要思考，分辨爸媽是在教你還是胡亂打你，是出自好意或只是為打而打？搞清楚了就不會心存怨恨，親子間才能更親近，也會有更多的意願去愛。

十：無知無能的父母

這類的父母沒有太多的知識與學問，或是沒有足夠謀生的能力。這種狀況有可能是天生殘疾導致的結果，例如精神失常、小兒麻痺或是其他先天性生理疾病等等；也可能是後天的天災人禍造成的缺陷，像是植物人、中風、半身不遂或是殘障人士之類。

當父母是無知或無能的類型，可想而知，孩子的自尊心相對也會跟著受損，同樣地，他也會變得比較敏感，很在乎丟不丟臉，心理上普遍比較沒自信，有些時候就會顯現出保護自己的傾向。

若你的父母是這樣的類型，你還是一樣可以愛他們。這是一件很偉大的事情，不管父母是怎樣的人，孩子永遠都會愛著父母的，即使身心有殘缺，他們還是擁有獨特的優點。

該怎樣去愛這樣的父母呢？你要讓自己變成一個有用的人，就不會去在意父母的無知跟無能。與其整天想著父母有什麼問題，或是擔心他們的殘缺與無能，還不如檢視自己心中的障礙與不健全之處，把這些缺點改過來，才有機會得到快樂與健康。

所謂的做一個「有用」的人，意思是你能夠獨當一面，擁有生存應該具備的基本條件，創造屬於自己的幸福人生；而不是一再地被父母的無知無能的缺陷所影響，成天擔心、沒自信，或是以他們為恥辱。要突破這些障礙，需要相當大的勇氣去面對父母身心的障礙，同時也要比平常人更加努力、拼命生產，想辦法讓自己過上好日子，才有機會回過頭去愛他們。

身為父母的人，當把孩子生下來時，只能希望他可以健健康康、平平安安，將來長大成才。不過，誰又能保證未來的事，對吧？

做子女的，一樣也只能希望父母身心健全、通情達理，願意為你付出更多的愛。但是，這也只是個希望而已，不一定能夠成為事實；我們能做到的就是盡自己的本分，扮演好自己的角色，同時努力地去了解人生是怎麼一回事。

當你願意愛，就去愛；不想愛，也不必勉強。「愛」這件事本來就沒有對錯，對父母要付出多少才算愛？這世上並沒有一個標準可以評量，但它是你的權力。至於付出之後能不能開心、能不能滿意，就得各憑本事了。

能夠愛當然最好，沒辦法愛也不必自責難過，不需要覺得自己有罪，這只是人生的一種過程，要能走過，也要能面對。不管在什麼情況下，只要願意進步，你永遠都可以比昨天更好，就可以變得更舒服一點。當你改變自己之後，你就不會去怨天尤人、恨父母不愛你，或是一直抱怨他們無知、無能了。

不管爸媽再怎樣地不好，他們還是把你生出來了，而你也平安的活了下來。你應該展望未來，而不是停留在過去的痛苦，我由衷地奉勸你好好把握學習的機會，讓自己做個能夠愛爸媽的孩子。

十一：作奸犯科的父母

這種父母親是不講道理的。他不一定會對自己的孩子不好，但他沒有辦法給孩子一個良好的典範。他也有可能會毫無理由地虐待自己的孩子，但他對待別人也是一樣的，基本上，他就是一個會犯罪的人，隨時會做出不合理的舉動。

要是你有這樣的父母，就會容易變得憤世嫉俗，情緒上也比較不穩定。只要提到跟家長有關的事，心裡就有不可告人的痛處，別人根本沒辦法接觸到這個領域，而且在情感上不太容易發洩，會刻意隱瞞許多事情，不想講出來。

如果父母不講理或很粗暴，常在外面打架鬧事，一天到晚犯罪，你不需要去了解他為什麼會變成這樣，但你必須明白，這種狀況並不是你能夠處理的。這些都是關係到人生的成熟度，你要不斷去學習、了解人生，就會明白世界上就是有某些人會有這樣的問題。雖然爸媽的表現很糟糕，但你也不需要把它當成是你個人的問題或恥辱。

那麼，子女該怎樣去愛他們？

答案是：你不一定要愛他們。如果爸媽真的很危險，沒有人懂他心裡在想什麼，他也毫無控制自己的能力，甚至對周邊的人造成傷害，對家庭造成的破壞遠大於建設，那你可以選擇不相往來，或是跟他保持距離。

如果他們願意改變，你也願意愛他們，他們也接受你的愛，那你就可以選擇用你喜歡的方式去愛。但你同時也要了解一件事：你對他們付出愛，不能要求任何回報。

就算你愛他，他也可能堅持不改，或是改變的程度不如你所願，你必須要有所覺悟並接受這個事實。當父母的行為不品格甚至具有危險性，你就得先求自保，你有權選擇愛或不愛。

至於父母為什麼會有這些匪夷所思的行為，這並不是你的責任，也不是你需要了解的問題；如果有興趣探討這些偏差錯亂，這又是另外一門課題了。你僅需要知道的是：犯罪或不品格行為若沒有經過特別的處理，是不會改變的，更遑論進步！子女不必感到難過或抱歉，因為這並不是你的錯，但你可以決定離開，或是選擇不去愛他。

如果你願意進步，學會愛人，如果你喜歡研究，去探討人的偏差錯亂，了解各種人會發生的問題，相對地，你將會減少許多恨意，也更能明白父母的心態，至少你可以釋懷他為什麼這麼做。

但是，這本書的目的並不是要研究這些偏差錯亂，或是告訴你各種犯罪者的問題在哪裡，這已超出我們討論的範圍。在這裡，我們要了解的是當有這樣的情況，你可以有所選擇——身為一個子女，還是可以決定要不要去愛你的父母。

愛父母是與生俱來的天性，但不是一定要愛才叫正常，這是不一樣的兩件事。父母愛小孩，小孩也愛父母，本來是天經地義的事；但相反的，也有不愛小孩的父母，也有不被孩子喜愛的父母。這世界本來就是一樣米養百樣人，各種機率都有可能會發生。若是你的爸媽是罪犯，你有權選擇不去愛他，不需要去責怪自己。

如果不願意愛，或是想愛卻愛不出來，並不是什麼罪大惡極的事。若你非常想愛爸媽，透過學習讓自己進步成長，你可以一步一步地增加愛人的能力；因為了解他們，讓愛變得更圓滿、更自在。這件事情是可以做到的，絕非空中樓閣。

十二：達官貴人的父母

這類型的父母通常很有錢，可能全家族都受過高等教育，或是上流社會的貴族階層，家裡具備優渥的經濟、人脈或權勢等資源。

在這樣環境成長的孩子，通常被社會視為達官顯貴的公子哥兒。他們的父母不一定會比較虛榮，但是在往來之間會變得比較勢利，較看重物質上的條件；對於所謂的應對進退、禮尚往來、名分跟頭銜有著根深蒂固的階級差異，他評判對方的標準，就以多少財富、多少學位、多少勢力、官階、頭銜之類的方式來進行比較，面子要給的很足夠才行。他身邊的朋友幾乎都是非常優秀的菁英人士，或是很有名、很有錢的人。

在富貴環境成長的孩子並不一定比較快樂，因為他的生活方式跟一般人是不太一樣的，往往有更多的限制，有許多擺脫不了的規矩，尤其是家族裡的規範。爸媽會特別要求孩子的成績、能力、穿著與各種禮節，對孩子來說，這些要求並不一定是必要的，他們也不喜歡，不是那麼自在舒服。但身為家族的一份子，就必須活在這些框框之內，逼著自己要遵守爸媽要求的標準，滿足家族的期望。

在這樣子的狀況之下，怎樣去愛自己的父母呢？

達官顯貴的父母，會比一般人交際廣闊，家裡往來的人也比較多元。要在這種家庭裡生存，就要學會跟各種人做朋友，學會交際應酬的手腕，學會跟不同的人講得體的話。同時，你也要了解爸媽跟這些朋友的來往狀況，才能夠滿足他們的需求。

有時候，爸媽所要求的水準相當高，而且他們覺得是理所當然，既然自己這麼有能力，孩子也應該要很有水準才行。可是，這種要求的前提是：孩子的能力要跟父母相當，甚至要超過父母。

在上流社會裡，非常要求言行舉止是否得體，是否拿到高等教育的文憑，一般人視為高不可攀的門檻，常被當成是基本要求。如果孩子應付得來就沒什麼問題，若是做不來，壓力自然就會很大，甚至衍生成時下的社會問題。

一般人常會說「富不過三代」，家境的興盛繁榮為什麼很難維持下去？因為每一代孩子的資質不見得都和父母一樣優秀。有些時候父母比較能幹，小孩子比較笨拙，溝通上就會有一些評估貶低的狀況，孩子會深刻感受到爸媽「恨鐵不成鋼」的挫折。嚴格來說，孩子不見得故意要讓爸媽失望，他也想為家族爭一口氣，只是沒有達到家族的期望，就會有無法肩負重任、不受疼愛的感覺，也會活得比較不快樂。

因為父母聲名顯赫，他們比較在乎面子與榮譽，也很在意別人的眼光，這些都是社會的期待，畢竟要在上流的環境下生存，就必須受到高標準的檢視。這些父母本身是備受矚目的人，他們也用同樣的態度去要求孩子，只為了達到這些超越常人的高標準。

要去愛這樣的父母，其實不是這麼難。這類型的爸媽通常都有良好的素質，只要孩子能夠講理，有正常愛人的能力就行了。但是溝通的基本條件一定要具備，如果連好好講話都沒有辦法做到，看起來像個呆瓜，彼此都不能滿足。

愛的方式雖各有千秋，但都得依照相同的基本元素。想要愛人的一方，必須明白自己在別人眼裡是什麼狀況，講出來的話要能夠對到焦，才能解決彼此之間的問題。

以達官貴人的父母為例。孩子若不願意走父母親安排的路線，和其他類型的孩子都一樣，必須勇敢告訴父母自己的想法。你得告訴爸媽，雖然我們家從商，在商場上也有傲人的成就，但我希望走藝術的路線，希望爸媽可以給予我發展的空間；或爸媽喜歡穿整齊的西裝，但我喜歡穿民俗風格的服飾，希望你們可以尊重我的選擇。

如果孩子可以跟爸媽好好說明一番，且自己也有能力做好所學的一切，就不會有太大問題，一般情況下，父母都是可以接受的。

愛人需要極大的能力。你必須有足夠的本事去溝通，還要具備付出愛的意願。若是你沒做好本分內的事，也不能好好講話，每次見到爸媽就只能吵架，還希望他們不要管你……你可以捫心自問，這樣的互動關係怎麼可能會好呢？父母不僅會對你吹毛求疵，也會常常罵你、嫌你、要求你，你當然會倍感煎熬，更別提要去愛他們了。

如果你的父母相當優秀，從小就要跟他們多學習怎麼講話，培養夠水準的互動張力。只要保持良好的溝通管道，長大之後要愛父母也比較容易，否則孩子跟爸媽之間就像兩個世界，既無法互相了解，也無法真心付出自己的愛。

Q：達官貴人的父母與過度期待的父母，心態上有何不同？

第五點所提到的「過度期待」的父母，並沒有其他環境或社會的要求，他們對孩子的期待，只是純屬個人不滿足或不甘願的心態。他們可能自己沒實現願望，希望孩子為自己出一口氣，代替父母扛起責任，或是幫他們完成任務。父母本身可能很窮或不夠優秀，所以期待孩子可以變得很有錢或很傑出。

這兩種父母雖然期待的理由不太一樣，但同樣都造就了孩子的不快樂，結果頗為類似。有趣的是，這兩種環境的孩子常常會變成好朋友。

順道一提，這樣兩種不同的家庭的小孩在一起，父母也會有微妙的態度落差。例如，達官貴人的父母會希望自己的孩子盡量疏離窮人家的孩子，而過度期待的父母常會希望自己孩子好好把握機會結交名門之後，或是刻意阻止他們來往，免得被人說自己攀權附勢的閒話。不過，這都不在我們討論的範圍之內。

第八章 愛父母的方式

基礎篇

想要愛自己父母親，不能像無頭蒼蠅般地到處亂撞，需要一些方法與正確的方向。在前面的章節裡，已經提到父母跟孩子各別需要的是什麼，父母大致上可分為哪些類型；接下來的部分，我們將更進一步來探討該用什麼方式去愛自己的父母。

一：隨時把父母放在心上

所謂的把父母「放在心上」，不是放著就好，你還得讓他們知道。所以，重點還是溝通。

在前面的章節裡，我們已經強調過很多次溝通的重要性，幾乎沒有人不知道一定要溝通。但是，到底怎樣才是舒服的溝通？怎樣才是對方想要的溝通？這是非常耐人尋味的話題。

關於溝通，有一點很有趣。許多子女都很怕跟父母親談人生大道理，或是擔心他們干涉自己的世界、夢想或事業。其實，爸媽確實會關心這些事情沒錯，但他們並不是那麼有興趣，許多做子女的人平常在溝通時都搞錯了方向。

我們提過，爸媽希望子女給他們的資料，通常只是一些日常生活的小細節。如果你打電話問候爸媽，他們想要了解的不會太多，就只是希望彼此之間保持溝通而已。

溝通就像兩個端點之間的一條線，這條線是一直連繫著，也一直保持暢通。不管是爸媽打電話給你，或是你打電話給他們，他們想知道的，不外乎就是你是否平安、吃過飯了沒有、生活過得好不好、現在人在哪裡……聽起來似乎都是些瑣事，但這些資料就足夠了。要是你常常打電話跟爸媽說現在人在哪裡，在做些什麼，其實他們心裡會很開心。

你回想一下小時候出遠門，只要打個電話跟爸媽說現在天氣怎麼樣，或是跟同學做些什麼事，你所給的資料都是一些再簡單不過的內容。可是你得要了解，溝通的重點並不在於你講了些什麼，而是主動報平安的心意，表示你還記得爸媽心裡惦記著你。對父母來說，你只要有這個心意，就是個好孩子。

就算子女長大了、成家了，這種感覺也是一樣不會改變。剛剛吃過晚飯，問候一下爸媽吃過了沒有？現在在幹嘛？這些都是很平常的事情。

不過，一般的孩子常會忽略這些動作。而最常出現的辯解就是：「這有什麼好講的呢？跟爸媽講這個要幹嘛呢？」

「反正我已經告訴他要去旅遊三天了，就不必再打電話了吧。」

對你來說，這些事情應該是彼此都知道了，反正已經講過了，所以不必再提了。可是，你忽略的是為人父母的心情。他希望知道你到底發生了什麼事情，而且只需要一點點的資料就可以滿足他。像這種問候，打個電話不必講很久，因為重點不是聊天，而是讓他們知道你很在意他們的掛念，爸媽就會覺得自己的孩子很貼心。這就是很有趣的地方。

有時候，我會帶自己的員工出去旅遊。到了一個景點，會給大家三、五分鐘打個電話給自己的家人、重要的親友或另一半，這樣的溝通看起來沒什麼，其實非常重要。你只要打個電話跟爸媽說現在在哪裡玩、在吃什麼東西，甚至現在人在火車上都沒關係，只要你有心跟他說話，他就會很開心。等到下次你回家的時候，就會發現自己跟爸媽之間的親切感提升許多。如果你告訴爸媽會去旅遊一個禮拜，接下來旅行的時間都完全不理他，這就是不懂做人的道理。

父母想跟你親近，他想要知道的事情都不是什麼大事，但你要主動告訴爸媽，他們才會覺得你很在乎，很貼心。做晚輩的人，常常沒有體會到這樣一通電話、一封信，簡單的幾句話，只需要一兩分鐘，就足以讓他們開心好幾天。

所以，這是子女愛父母最重要的第一步：主動保持跟他們的溝通。你要讓雙邊的溝通隨時保持暢通，記得打電話回去，讓爸媽覺得你心裡有他們。雖然這是一件很簡單、很平凡的事情，卻是生活中不可或缺的元素，就像一杯白開水一樣重要。

二：用爸媽喜歡的方法講話

第二個重點是講話，也跟溝通有密切關連。

第一點的溝通，要表達的是讓爸媽知道你關心他、尊重他、把他們放在心上，強調的是心意與主動。第二點比較偏重技術性，就是陪爸媽講話、聽他們講話，講讓他們可以感到開心的話。

這種講話的溝通方式，是許多孩子不喜歡做的事。有的人覺得爸媽講話很囉唆，很無聊，常常講不到幾句就馬上就起衝突，或是只想講自己要講的、問自己要問的，完全不顧對方的感受；但是，如果你真的想要愛你的爸媽，這一點就非做不可，因為這些溝通是他們需要的，也是他們想要的。

既然我們決定愛一個人，就要用他所喜歡的方法去對待他，而不是堅持用你自己偏好的方式去一意孤行，一直跟他講誰對誰錯，爭辯現在的時代應該怎樣，年輕一代應該怎麼樣。這等於是說他落伍、跟不上時代、不合潮流，當然也不是他愛聽的。

就算你講的都對，他講的都錯，又有什麼好值得開心的？這就失去跟父母溝通的意義了。方法不對，雙方無法共鳴，不管有再好的心意都白白浪費了。

就好比說，爸爸生日快到了，你想送給爸爸一份生日禮物。可是，你送的東西不是他喜歡的，就算禮物再貴也沒有意義。送禮要為對方著想，這份禮物應該是他喜歡也用得到的東西，這樣才有意思。

有些子女以為逢年過節送給爸媽一個大紅包，或是帶他們去採購、出國旅遊等等，爸媽就會很開心，就會了解子女的心意。或許這些物質上的需求有其必要性，但並不會讓爸媽真正覺得快樂，也不會讓他們跟你更親近，為什麼？

因為不管你為爸媽做了什麼事，他們都需要孩子跟他們講話。

陪爸媽講話有一個關鍵重點：不管他愛講什麼，你就跟著他們講什麼。當你跟爸媽講話的時候，要講他們能接受的話。

「媽媽，你最近打麻將有贏錢嗎？」

「你上次說阿姨搬了新家，她還適應嗎？」

「你們不是去東南亞，有沒有照片？拿出來看看吧。」

他會講，你要注意聽，要蒐集資料，然後要進入他的世界。專注的程度要像看日劇、韓劇這樣認真，掌握爸媽生活細節的進度到哪裡。爸爸練太極，你就得知道他太極打得怎樣；他們最近出國旅行，你就要看他們出遊的照片。

要是你說：「哪有一天到晚要人看照片的？這麼討厭！」這不就完了？

另一個有趣的事情，是你一定要聽他講，別只顧著說自己想說的話。爸媽講話的時候，你不能都不理他、不看他，隨便讓他講什麼，甚至還頂嘴，當然會適得其反。

你要做的事情並不難，就是很有意願地聽爸媽講話，讓他覺得跟你講話很有趣，就像陪朋友聊天一樣。你要在適當的時機回應，要讓他知道自己所講的每一句話你都有聽到，同時也要理解他講的是什麼。

有時候，父母會把同樣的內容講很多次，讓人聽了很厭煩，他喜歡講的內容，就算講了三百次都不嫌多。當然啦，你不能擺出一副很討厭聽他講話的樣子，他要講什麼就讓他講，然後告訴他說：「喔，你講的，我曾經聽你說過！」或是知道他要講的重點在哪兒，再給予適當的回應。

不過，當父母很喜歡講同樣的事情、描述某段回憶，就表示他非常重視那件事。要是你不聽他講，他就會認為你沒有心陪他，也會覺得自己被排斥，甚至感到孤獨寂寞，這是父母心裡常有的不愉快。

所以，就算你事業再忙、送再貴重的禮物，還是記得陪爸媽講講話，而且是講他們喜歡聽的、願意聽的話。如果你只跟他講你自己喜歡的話題，或許父母會陪你附和一下，其實他們並不愛聽你講這些。現在是你要去陪爸媽，你應該要講到讓他們開心，而不是講出來自己爽，要先明白這個方向是不一樣的。

陪，是人生中非常重要的一個動作——如果你真的愛對方，就一定要陪他。換個角度來看，爸媽陪著孩子一起長大，也是一樣的道理。孩子要去游泳，要吃冰淇淋，要玩溜鞦韆，爸媽也一起陪著。孩子所做的那些事並不一定是爸媽也喜歡的，對不對？然而，他們陪在你身邊的目的，也只是為了讓孩子開心。

既然你可以陪孩子開心，陪你的另一半開心，同樣地，也可以陪你的父母開心，老人家就是喜歡這樣而已。你願意陪著一個人，就是愛對方的表現。

貼心的子女，一定會讓父母覺得比較開心。要讓他們開心，重點不是你送了什麼東西給他，而是要花心思去陪他。你得聽他講一些他想講的故事，聽聽他的豐功偉業，或是訴說不為人知的祕密，聽他描述一些好笑的事……，只要你仔細聆聽，認真回應，他們就會很開心。這是愛一個人一定要做到的基本功。

不過，並不是其他事都不用幹，成天就陪著爸媽哈拉就好，這樣你也不會舒服。或許你每個禮拜、每個月回去陪爸媽一次，就算只有過年才回去也沒關係，每個人的情況不太一樣，但最理想的狀態，就是每次跟父母見面的時候都能讓他們開心滿意。

你要記得一個重點：現在是你決定要去愛爸媽，不管做任何事情，都要以服務對方的角度做為出發點；你要陪他講他想講的話，聽他說他喜歡說的話。這是孩子要跟父母培養感情的時候，絕對不能缺少的關鍵。

三：成功

第三個，是成功。前面的章節也提過，爸媽希望看到自己的孩子有一個成功的人生。要愛你的父母，其中有一個項目一定要做到——必須要成功。

成功並不是做大官、發大財，不是那些世俗所定義的標準，不是如你所想的那樣複雜，好像距離很遙遠、終其一生都很難達到目標的感覺。父母要的「成功」其實很簡單，基本來說，就是你沒走到歪軌上，要健康、快樂，要有本事結婚、生小孩，負起養育下一代的責任。如果能夠做到這樣，人生就算很成功。

成功的先決條件，就是不能讓自己生病。

現在有很多年輕人，年紀輕輕就有了很多毛病。我見過二十幾歲就中風的，要爸爸抱才能行動，要媽媽餵才能進食，這樣的人生，何來成功之有呢？爸爸媽媽要把全部的精神都放在你身上，要給你進行藥物治療，甚至要幫你付一輩子的生活費。健康毀了，就等於是一輩子都得依賴父母親，不可能學會付出，當然也不能算是成功。

前面所提的，是指身體上的疾病。還有一種是心理上的生病——很不快樂、不知道人生何去何從，甚至想要自殺，搞頹廢，或是一天到晚失戀、喝酒、抽菸、上夜店、飆車、吸毒之類的，也是一種不成功。

人生的每一個年齡階段都有應該要負的責任，做到了就算有成功的人生。有些人年紀一大把了還嫁不出去、娶不到媳婦，四十歲了還賴在家裡當米蟲，父母親幾乎都放棄了。不結婚就沒有下一代，不僅缺乏責任感，成熟度也不夠，甚至跟結婚的人搞外遇，讓爸媽擔心得不得了。

如果你很健康、很快樂，婚姻很美好，也有了小孩，這四項都能做到，父母就會對你放心許多。他們在意的也就只是這些事情，而不是世俗所定義的立大功、賺大錢、成大器之類的。

不過，這四個項目當中只要有其中一項沒做到，父母都會很難接受，不僅覺得沒面子，甚至比你還憂鬱；因為他們無形之中也會給了你不少壓力，在情感上你也比較難去愛父母。這些不舒服的感覺將會造成彼此的尷尬，大家不能自在地相處，只要一見到面，多少會提起這些不開心的事。

這裡所提的成功條件，乍聽之下似乎沒那麼難，但你可以注意一下身邊的朋友們，真正能把這四項做到很好的人，其實並不是那麼多，因為這些都是必須投注許多精神、時間去養成的人生課題。愛人是需要能力的，成功也是需要努力的；當你有了這些能力，想要去愛就容易多了。

四：做自己

所謂的做自己，就是要敢說出真心話，不盲目聽從父母的意見。

一般人都會以為什麼事都順從父母就好，這樣才是孝順。但是，這當中會有一個陷阱：你聽了爸媽的話，卻沒有聽出他真正的意願，最後還是會出問題。表面上就算你乖乖聽話，到後來還是會搞得兩邊都很不開心，而且這也不是爸媽真正的意思。

這種狀況大部分都是天大的誤會。因為父母原本的用意並不是希望你百依百順，什麼話都照辦不誤，他也期待你能夠有主見，可以自己決定要往哪邊走。所以，你要勇敢說出真心話，不要盲目地聽從。

若是你什麼事情都依父母，完全都沒有自己的意見，到後來，父母也會覺得很委屈、很冤枉——他只是給你一條他覺得正確的方向，如果你有自己的想法，為什麼不說出來呢？你有意見，為什麼不表態？不敢把話講出來，就是沒有真正地做你自己。

絕大部分的父母並不喜歡這樣的孩子，他會覺得這個孩子沒有自己的個性；換個角度來說，就是不夠聰明，出去可能會被人騙。或許表面上爸媽會說：「這個孩子很乖、很聽話！」但也表示孩子什麼責任都不必扛，不管發生什麼問題都由父母承擔，因為孩子不表示自己的意見，一切都是父母說了算，他只是照辦而已，漸漸地養成不負責任的個性，父母就更擔心了。

親子間的溝通，兩方都要負責。就算你是子女，倘若有不同的想法，也必須想辦法表達出來。如果無法講出真心話，心裡像是有塊石頭放不下，被壓抑到只能委曲求全，最後你就不會這麼喜歡你的父母，或是你不想愛他，起因完全是自己的盲從，變成被壓抑或無話可說，人杵在那兒，卻完全沒什麼影響力。

什麼叫盲從？就是你沒有表示出自己的意思，沒有說出真正的感受。你喜歡什麼、不喜歡什麼、想選擇怎麼做，從來都沒有讓父母親知道；你只是完完全全的聽命於他們，反正爸媽說什麼就是什麼，這就是盲從。

在大部分的情況之下，聽爸媽的話並沒有什麼不對。但有些時候，父母會判斷錯誤，也有些時候只是給個建議，並沒有要求孩子完全照他們的意思做，他們並沒有強制地要求你非怎樣不可。

要是你有不一樣的想法卻憋著沒說出來，表面上「逆來順受」，故意做出不忤逆父母的樣子，或是抱持著「我都沒還嘴」、「你要我做什麼，我就做什麼」，這是對自己不負責任，而不是父母親的問題。

所以，如果你跟父母有不同的意見，一定要勇敢地說出自己的真心話。

至於什麼才是真心話？

真心話，就是你心裡覺得喜歡或不喜歡的想法。把真心話講出來，不需要用罵的，或是擺出一副要吵架、要頂撞，或是「我就是要這樣」的跋扈態度，不需要用這樣激烈的方式表達。

講出真心話很簡單，你只需要說出自己的感覺是什麼，你喜不喜歡這樣的決定，這樣的感覺是不是很好，或是你有沒有意願去做什麼事情……當然，不見得你講了爸媽就一定會接受，但至少一定要把話講出來。若是不講出來，就會造成日後許多的恩怨與誤會。

比如說，當孩子長大以後，會跟爸媽說：「國中的時候，你把我的衣服給妹妹穿，都沒有經過我的同意。」

「我沒有想要吃排骨飯，是媽媽硬要叫我吃排骨飯。」

「以前我想唸廣告系，是爸爸一定要我當律師，我才照他的意思去讀法律系的。」

「那個時候我要吃巧克力糖，你沒有買給我，後來你居然買給表弟！」

「你不公平！當時你買了玩具給姐姐，也買給了哥哥，就是沒買給我。」

很明顯，這些話並不是真的，而是當初孩子並沒有講出真心話，或是當時他並沒有明白的表態，所以爸媽並不清楚孩子在想什麼；事實不一定是孩子所想的那樣。

其實，有很多都是雞毛蒜皮的小事，但這些事情竟然可以在十幾二十年後還耿耿於懷，乍聽之下有點好笑。然而，這些事情對爸媽來說，是非常地冤枉、無奈且百口莫辯。當時孩子並沒有把心裡的話講出來，等到講出來的時候，又表達得很氣憤，似乎是積怨已久，已被壓抑了很長一段時間。

當時若把真心話講出來了，儘管父母親還是有可能不會照你的意思去做，但至少你後來就可以說：「我有告訴你，但是你沒有做。」事情有可能會因為你講出來就改變了，或發現並不是你所想像的那樣。

把話講出來的動作是至關重要的。只要講出來之後就有立場，至少你表態過了，父母同不同意則另當別論，可是一定要把話講出來，而且要講的清清楚楚、毫無保留，每一次都要告知對方你真正想法是什麼。就算爸媽會打你、罵你，你還是要讓他們知道自己的立場是什麼。

至於為什麼孩子常擔心講出真心話會被打？通常來說，並不是因為講了真話而被修理，而是講話的態度大有問題。比如說，講話非常尖酸刻薄，或是像要討債一樣非常不禮貌，或是把話講得很絕，讓別人不想打你都很難。這就是孩子的問題，表情難看又不禮貌，當然是要吃虧的。

為什麼講到後來，話會變得那麼難聽？就是因為憋了很久沒講出來。你只是盲目地聽從，爸媽叫你怎樣你就怎樣，可是你心裡並不是這樣想，只是忍耐著不說，一直照著爸媽的意思做，憋久了當然會出問題。如果每一次你都敢對父母講出自己的感覺，你自己會比較舒服，彼此的關係也會大不相同。

所謂的「做自己」，就是講出自己真正的想法與觀點，你希望怎樣、希望不要怎樣，要給自己一個空間，同時也給對方溝通的機會。但是，表達的態度當然要好，這是溝通必須要有的基礎。

「做自己」，不是只有用在父母身上，也要用在其他人身上。像是結婚以後有了自己的家庭，有了另一半，有了親家，甚至有了下一代，關係更為複雜許多。如果從一開始有什麼感覺都可以講出來，大家的關係會比較正常。如果你什麼都不講，表面上似乎相安無事，過了十年之後呢？問題一大堆，然後才選擇避不見面，一見面就劍拔弩張，像要打仗一樣，當然就很難去愛對方。

要愛父母，就要誠實地做自己，講出心中真正的話，而不是盲目地聽從。你要跟他們溝通，從口中說出的任何一句話都要經過思考，而且要對自己說過的話負起責任，也要能夠讓對方了解你的想法，這樣雙方才能有更好的關係，你自己也會真正地成長。

第九章

愛父母的方式

進階篇

五：給予彼此空間

父母跟子女的世界，其實是不一樣的。他們有他們的世界，我們有我們的世界，想要去愛他們，彼此互相尊重是非常重要的基礎，要試圖去了解、接受對方的世界與價值觀。

譬如說，你爸爸喜歡看書或是喜歡去打球，或是他不太喜歡講太多話之類的個性，當子女的人必須對爸媽的世界要有足夠的理解，而不能夠要求對方一定要在一起做什麼。

有些時候，孩子常會提出一些要求，像是：

「我不管，你一定要陪我玩！」

「同學的爸媽都有來園遊會，你也一定要來！」

當然，有時候正好相反，是父母強迫小孩子一定要做某些事情，兩邊很多不一樣的想法、觀念、個性，都必須加以考量。

不僅父母必須給子女空間，角色換過來也是一樣，孩子同樣也要學會給予父母空間，了解、接受每個人都有不同的世界。媽媽喜歡怎麼樣、爸爸喜歡怎麼樣都不一樣，當你跟爸爸在一起的時候，就要用跟爸爸相處的方式，跟媽媽就要用媽媽喜歡的方式。

父母有時候會在一起，但有些時候是並沒有一起行動，雖然住在同一個屋簷下，但你愛父母的方式必須是分開的。你要愛爸爸跟媽媽，可是你的爸爸不等於你的媽媽，對待的方式也不能一樣。

當我在輔導孩子寫信給爸爸或媽媽的時候，會提醒他們不要寫「親愛的爸爸媽媽」，然後就把兩邊要講的話全部寫在同一封信。這麼做非常不好，因為收信的人不能夠完全理解哪些資料是要給誰看的，要表達的內容無法完全對焦，也無法達到溝通的真正目的。

你因為自己想偷懶、省事，把兩封應該分開寫的信全部寫成一封，就等於是把對方的權利、職責、地位全都忽略掉，反正你在意的只是把話講出去就好，這種態度不正確。

舉個例子來看，你家是爸爸在做主。你在家書裡面寫著「給爸爸媽媽」，那媽媽等於是看或不看都無所謂了，反正她也不能做主，對吧？可是，你原來的意思並不是這樣。尤其當有重要事情需要決定時，家裡通常會有一個人做決定，但爸媽的想法卻不見得會完全一樣。要是你把要講的話都寫在同一封信裡，就會忽略了另外一個人的感受；那個無法做主的人只是掛了名，卻無法表達意見。

就算你講的是同一件事情，爸媽也會有不一樣的感覺、不一樣的意見與態度，兩個人看了信，也會有不一樣的解讀。若信裡把爸爸媽媽放在一起，這樣的信便會讓人困惑，不做主的人就沒有空間，常會有一個人回不到他要表達的意見，也因此產生了誤會。事後，你才會發現這樣的狀況：

「喔！原來爸爸沒這個意思！」

「怎麼會這樣？當初不是已經說好了嗎？」

「我還以為是媽媽不贊成哩……」

這些後來才恍然大悟的事，是可以避免的。所以，寫信怎麼可以同時寫給兩個人呢？這就是一般孩子會有的迷思。

孩子常把父母視為一個個體，但實際上，他們是不一樣的兩個人——爸爸有他的想法，媽媽有她的意見，若是你要愛你的父母，就應該要各別去溝通。

再從爸媽的角度來看。如果你是以「親愛的爸媽」做為開頭，那這封信到底誰來看？又要讓誰來回？你寫的事情是針對著誰來說的？因為兩個人是不一樣的。這就是前面提到的，你必須要給彼此一個空間。媽媽有媽媽的空間，爸爸有爸爸的空間，兩個人是完全不一樣的。

有些爸爸喜歡看展覽，喜歡運動，或是他很喜歡看書、喜歡研究歷史等等，偏偏媽媽對這些完全沒興趣，媽媽喜歡打麻將、串門子之類的活動，兩個人的喜好完全不同。如果你不讓媽媽打麻將，叫她一起來學歷史、看展覽，這麼做一定會完蛋。

媽媽很愛玩，你就帶媽媽去玩，爸爸不愛玩，你就不要帶爸爸去玩；而不是什麼事都把爸爸媽媽攪和在一起——媽媽來了，爸爸就非得來不可，這樣爸爸就不會很開心，也犯了強迫別人的問題。這只是你自己的期盼，而不是別人的喜好，如果你常這樣幹，就會變成令人頭痛的人物。

簡單來說，去了解別人的世界，是非常重要的藝術。

當你要對你的父母付出關愛的時候，千萬要記得：你愛爸爸的方式絕對不等於愛你媽媽的方式。你對媽媽的方法，必須是你媽媽喜歡的，絕對不是以爸爸喜歡的方式去對待媽媽。這是一個非常普遍的迷思，甚至還為了小孩，強迫把父母的空間連在一起，讓雙方都很痛苦。

所以，不要強迫爸媽出席你的每一個場合、參與每一項活動，讓彼此都有自己的空間，了解彼此的世界，這樣才是真正的愛。

愛一個人，要用他喜歡的方法去愛他，而不是一直強迫他，希望他可以變得怎麼樣。尤其是不能把自己的期待套在父母身上，「因為我是你們的孩子，你們一定要一起，我喜歡你們這樣！」這對父母來說是非常大的壓力，也等於是把自己的快樂建築在別人的痛苦上。

我們談的是愛，愛就是要讓對方舒服。不要固執地、任性地要求父母要怎麼做，父母反而變成了孝子——孝順子女的爸媽，這並不是一個正確的方向。

六：不因強迫而就範

我們常常因為愛，所以選擇忍受；因為愛，所以就選擇讓步；因為愛，就選擇委屈求全，因為愛，就選擇同情；因為愛，就選擇包容；因為愛，就不做自己想要做的事。

其實，這是很不健康的。為什麼這樣不好呢？

你以為這是愛，所以你選擇忍讓，表面上看起來好像很相愛，好像天下太平，就好像很和平。如果你不守住最後的防線，不僅傷害了自己，也傷害了對方，之後彼此之間本來原本的感受都會改變。

譬如說，你被爸媽強迫了之後去做某件事情，原本愛的誠意與熱情就會減低許多，這是無形當中受到迫害，讓你不自覺的削減意願；日子久了以後，彼此會覺得很無奈，很沒意思，會覺得愛得很勉強、不真誠。在某些時候，難免會遇到心情低落，或是想起以前被強迫的種種不舒服，雙方之間的愛就會變質，這也是一般人難以察覺的事情。

或許一開始兩方的心意都是好的，卻不知道結果會變得如何。若知道會變成這樣，相信沒有人會選擇錯誤的方法相處。日積月累之後，我們便把這些不理性的行為視為理所當然，變成應該讓步、應該同情、只能包容、只好委曲求全，實在是非常可怕！原本的基於善意的出發點，卻一再地遭受損害而又無法察覺，甚至到了無法彌補的地步。

有時候，小孩子會有無理取鬧的抗議、父母變得不和藹可親，或是過年好不容易大家聚在一起的時候，忽然有人借題發揮，像是母親忽然講到某個話題就大哭了起來，爸爸看到某件事情就忽然大聲咆哮，講出難聽的話，把場面搞得很難看，大家都摸不著頭緒，簡直像謎一樣。

爸媽常見的說法是：

「我這麼疼妳，你怎麼會這樣？」

「你以前都不會這樣，為什麼越大越不聽話？」

「我都為你犧牲這麼多了，你怎麼還給我這樣的臉色？」

「你都不知道我為了你忍耐這麼多，你怎麼都不能遷就一點？」

「長大了就不認父母啦？翅膀長硬啦？這麼難搞！」

至於孩子則是會覺得：

「每次我都聽你的，為什麼你就是不能聽我一回呢？」

「為什麼媽媽一定要一輩子都控制我呢？」

「我都長大了，都已經當媽了，你為什麼還要這樣子管我？」

其實，這些都是非常大的誤會，彼此認為自己有多麼地委屈、同情、遷就、讓步等等。一般人都以為這是愛，偏偏這就是讓你愛不成對方的主要原因之一，這些都是愛的絆腳石。

若把這些原因歸納為「不誠實」，絕大部分的人是無法接受的。不管是善意的欺騙也好，為了愛而委曲求全也好，總之，這樣做的後果往往是眾人無法承受之痛，且不堪設想。

真正的愛是沒有任何強迫的。和另一個人相處，彼此都要感到舒服自在，有一個非常重要的原則，就是不要有強迫的動作。你不能強迫對方，相對的，你也不能讓對方強迫你，兩者之間都需要守住自己的底限。如果你不敢堅持，或是有其他的原因做不到，你的感情一定會受到迫害，絕無可能自在地去愛，一定不會有好結果。

這就像國家與國家之間有邊界，有國防。你要有屬於自己的空間，爸媽也有他自己的，大家不要去越雷池一步。如果有人故意越界，原本的國界改變了，就會發生對立與戰爭。

國家的狀況是如此，人與人之間的相處也是一樣，只要守不住自己的空間，就會發生不正常的情緒變化。試想：國家被侵略，你所有的資產都被接管，而且不是出於自願的，你心中會做何感想？

不過，在親子之間想要堅持守住這條界線，並不是那麼容易。

譬如說，媽媽喜歡強迫孩子一定要跟著去旅行，一定要陪在身邊去逛街、買衣服，或是一定要把便當吃光光之類的。其實，這些事情都不算大事，但只要有一方不願意，就算是強迫。

既然不要讓父母強迫你，你也要曉得哪些事情是不喜歡的。你不想吃，吃不下了，就不要讓他強迫你吃。

「吃下去嘛！就剩這麼一口。」

「不吃太浪費了！你就吃下去，快點吃。」

如果你不想吃，就要清楚地告訴他：「抱歉，我就是不想吃。」

他還是會一直強迫你，但是，你還是要告訴他：「對不起，我現在不想吃這個東西。」只要好好講，就不會撕破臉。

如果在生活裡能夠堅持這個原則，久了之後，彼此的空間會越來越大，而且也會越來越舒服，對方也會慢慢了解，「啊，這件事強迫不得，他不會點頭的。」爸媽就不會來侵犯你的空間。

要是你守不住自己的空間，你妥協了、讓步了，之後產生的副作用就不是你能夠擺平的。對方會以為你是可以被侵犯的，可以被強迫的，他就會一直這樣不斷地強迫下去；而你心裡感到不平衡，便會不斷有一些奇怪的想法，甚至把事實扭曲，做出不可理喻的舉動，這就是因為你覺得被爸媽壓抑，要找別的出口發洩。

有趣的是，爸媽並不覺得他們是在壓抑你，更不認為自己的做法有什麼不合理的地方。因為你沒表態，他們這麼幹也不是一天兩天的事了，他也認為這是彼此都同意的「規則」。沒想到某一天你終於受不了，情緒反彈了，找藉口小題大做了，爸媽當然會感到非常驚訝，無法理解為什麼你的態度會有這麼大的轉變。

或許在一開始的時候，你堅持守住自己的底限，會給予對方不容易相處的感覺，當你要貫徹原則的時候，會遇到不少困難。不過你要明白，如果不堅持的話，將來的人生一定會困難重重，而且會變得非常悲哀。

所以，你要懂得不去強迫別人，也不要讓別人來強迫你，彼此都保有彼此的空間，就算是父母跟子女之間的關係，也要保有真正的尊重。

七：表明立場

你不願意做、不想做的事，或是彼此的價值觀有所不同的時候，要跟父母親把自己的立場講清楚。

至於「表明立場」與「不被強迫就範」，究竟有什麼不同呢？

表明立場只是單純的把話說出來，完全靠講話，讓對方知道你在想什麼。例如你說：「我不會去參加舅舅的葬禮。」但爸媽並沒叫你去或不去。

或是你說：「我不贊成買這個保險。」

「我不要去住在鄉下。」

你說出這些觀點，有時對方沒什麼意見，也沒有要你怎樣或不怎樣，大家只是聊天。不管這是你的人生哲學也好、思想觀念也好，你講出了自己的立場，你喜歡怎樣或不喜歡怎樣，態度不要模擬兩可或故意不表態，別人根本不知道你心裡到底在想什麼。

至於前面提的到「不被強迫就範」，除了立場要清楚之外，還得在行為上表現出堅持的行動，必須要有一股力量去抵抗，而且徹底守住自己的底限。

「表明立場」是平時的溝通，大家互相交流時，彼此讓對方了解自己的想法。至於「不被強迫就範」，你要堅守自己的底限，比較像在戰場上廝殺的情況，一定不能失去任何一寸空間，不能放鬆腳步還要維持身體的平衡，絕對不能倒下來，背水一戰絕不妥協。

這兩者之間非常類似，但執行方式及關鍵切入點很不一樣，要付出的力道及應用的方式也不同。以平常的生活來說，只要有機會和人談論事情，你就應該把握機會不斷地表明立場。當有被強迫或受到侵犯的時候，你要非常用力的堅持，絕不能讓自己遭到逼迫而妥協。

例如你喜歡建築，平時你就要告訴爸媽：「我喜歡建築，以後我要唸建築相關的科系。」你在溝通中說明了你就業的立場及選擇的目標，而且要讓他們清楚知道你是認真的，你一定會全力以赴。

再舉一個例子。你告訴爸媽：「我十六歲會開始打工賺錢，二十歲時要搬出去自己住。」你十歲時就提出聲明，而且一直不斷跟爸媽提這件事。他們是否反對是另一回事，但你有說出來，就是表明立場。

當父母強迫你去補習的時候，你堅持不去就是不去；當爸媽叫你一定要吃下這碗四物湯，你說：「謝謝，但我真的不想吃。」這就是不被強迫。或許差別很細微，但應用場合不同，在日常生活中多練習，就會明白當中的差異性，也會知道什麼時機該怎麼做，你就會發現自己的空間逐漸變大。

現在一般人最常碰到的問題，是太宅、不太喜歡講話。因為平常就很少講，當需要溝通時，往往一句真心話都講不出來，不習慣表白，別人不知道你的立場，又經常被別人強迫，接受久了就變成壓抑，漸漸地心灰意冷、愛不出來。就算心中是想要愛對方的意願，但早已愛在心裡口難開了。

「表明立場」講起來容易，實際要執行的時候卻非常困難，因為這牽涉到一個人的個性。

如果你的個性比較保守、沉默寡言，或是意見常和父母有衝突，你會估計講出自己的立場之後，大家不免要撕破臉，所以就不願意講。但是，當你不表明立場的時候，彼此之間只會產生更多的誤會。

人與人之間有很多的不愉快，其實是可以不必發生的。但只因為你選擇沉默，對方不知道你心裡在想什麼；你每次都擺出一副和顏悅色的樣子，看起來好像很開心、很舒服，人家以為你跟他是站同一邊的，偏偏這是一場誤會。

我為什麼一再地強調「進步成長」一定要學會溝通？因為你的人生要成功，溝通能力一定要非常強，一定要能夠好好講話、把心裡的話講到底。如果學不會這一招，不管到哪裡都是會碰壁的。

所以，當你遇到不願意做、不想做的事情，一定要跟爸媽把話講清楚。講清楚，談何容易？孩子會跟父母有衝突的地方，絕大多數都是講不清楚，對不對？那該怎麼辦呢？

答案只有三個字：一直講。永遠溝通，表明立場，堅持下去。

但是，你要堅持地非常有親和力，要堅持的非常有熱情。意思就是你要好好講，有話慢慢說；父母不見得馬上就會同意你的想法，可是你要一再地表明，直到對方真的感受到你的立場是什麼。

有些時候，因為父母不接受或不贊成，他會給很多反對壓力，一直告訴你說：不可以、不可以、不可以。不管你心裡有多麼不舒服，還是要一直講，講的時候仍要一直堅持你的理念。

或許你會覺得這樣很累、很辛苦，不過呢，這就是人與人交往時必須經歷的一場拉鋸戰，你勢必要付出代價才能取得到的平衡，這像是一場長年累月的拔河。

如果不願意走過這一遭，就會變成委曲求全或是一直退讓，你會覺得被壓抑，好像常常被人莫名其妙地打了兩巴掌，就是因為你沒有表明立場，人生不會快樂。

有些人則是講了，卻從未堅持下去，因為自己沒有能力好好地跟父母溝通，或是看到對方的臭臉就放棄了，不敢一直講下去。

「我講過三次了。」

講過三次算什麼？你的人生活到現在已經有幾年了？算下來，三次算什麼？你至少要講過三千次！基本上，這是比例的問題。

要是你沒有辦法了解堅持立場是長久的事情，沒有辦法理解要爭取自己的空間要花這麼大的力氣，那根本就錯估了情勢。所以，真正成功的人不多，賺大錢的人也不多，真正幸福的人更是寥寥無幾，找到自由快樂的人更是屈指可數。

若是你以為講過一次就有用，就等於希望吃兩碗飯就能飽一年。人每天都得吃飯，而且還要吃三餐，有時太餓了還得吃個宵夜。有些時候可以偶爾不吃飯，但也不過是一兩天的事，沒有辦法一個月都不進食。

你吃飯，就是為了講話。如果吃了飯卻不講話，飯就等於是白吃了；換句話說，活著就是為了要跟別人溝通。那麼，一年下來要講多少話？有多少事情會發生？三十年下來，要講多少次？照這樣來算，講個兩三千次，根本不算什麼。千萬不要以為你講了三次，就不需要再講了。

從小到大，媽媽叫你吃飯前要洗手，或是叫你房間要打掃，提醒你天冷出門要多加件外套，她講了多少次？根本是數不清吧。為什麼要講這麼多次？就是需要講這麼多次，你才聽得進去啊。

你看到媽媽，要跟她說早安，媽媽要去睡覺了，也要跟她道聲晚安。這要講多少次？天天都要講，見到面就要講，在一起就要講，這是基本的禮儀。只要你還活著，這些事就得要繼續做。你每天起床就是要刷牙，每天晚上要洗澡，每次看到紅燈，就是要停下來；而不應該是說：「我已經停過三次紅燈了！以後的就撞死算了。」

換句話說，這是一個觀念上的問題。

你不要一直這樣以為：「我已經講過了，我已經講過了。」錯！這就是一個最大的迷思。這也是一般人溝通之所以會失敗的原因之一。

你講過了，沒用，就是要一直講，永遠都要繼續講，這才叫做不放棄溝通。你每一次都要清楚地表明立場，而且要不停地申明，但是你要非常有親和力地重新再講一次。

今天早上，講了一次早安；到了晚上，再重新講一次晚安。你遇到爸爸，重新再告訴他一次：「爸爸，謝謝你！」遇到媽媽，重新再講一次：「媽媽，我愛妳！」這個東西要講多少次？講無限次。只要活著，就要一直講。

這個觀念一定要有，否則就沒有辦法好好地愛你的父母。因為你告訴他的這些話，他們是百聽不厭的！到底要講多少次「我愛你」？最好每次見到面都講。換個角度來說，你不願意做、不想做的，也一定要堅持，要清楚讓對方知道你不喜歡，要讓對方知道你不想做。

那麼，為什麼一般人在講了三次以後，對方還是不知道你的立場？甚至最後就臭臉相向，小孩就會突然對父母大叫，突然覺得他們好煩、好討厭……為什麼會這樣？因為他不了解。要讓對方接受或了解就得講這麼多次，而且要一直不斷地表明立場。

所以，千萬記得：表明立場時不要沒有耐心，每次都要像每天起床要刷牙洗臉、每天都要吃飯一樣。你的立場，一定每次都要表明清楚。

第十章

愛父母的方式

高級篇

八：建立各別的溝通管道

如果把每個人都當作是一個點，兩點之間就可以連成一條線。

你必須和每一個人都建立一條線——你跟媽媽有一條線，你跟你爸爸之間也必須建立另外一條線。重點是，這條線不能受任何人的影響，不受其他外力的介入。

不管是親戚、朋友、老婆，甚至是父母任何一方，你跟他都應該要有一個不受他人、環境影響的溝通管道，彼此能夠保持良好的互動與了解。你要讓他知道，不管別人怎麼中傷、挑撥離間，你都是愛他的。

當然，如果你不愛他，那就不必說了；你若不愛，對方應該也會知道。不過，既然我們談的是如何愛自己的父母，基本上應該要有愛，你要去培養這一份感情，靠自己去發揚光大，能夠感恩、感動。

當你有了這份愛，就必須讓對方真正的知道。什麼叫做真正的知道？就是讓他打從心裡相信你是愛他的，這個確定性非常重要。

他知道當你說：「我愛你！」的時候，你是誠實的，他也完全沒有任何懷疑與困惑，他知道你是真的愛他。

你要穩固地建立兩個人之間的這條線。你媽媽知道你對她好，你媽媽知道你為她所做的一切，都是以愛做為出發點。你跟爸爸也是一樣，建立了獨立的一條線，沒有其他人可以介入，完全不會受別人的影響。

想要建立各別的一條溝通線，有件事情很重要。

在生活裡，你必須要有跟爸爸或跟媽媽獨處的時間，不能永遠三個人在一起相處。因為現在你要建立的關係不是三角形，不是爸爸、媽媽、你三個人之間的關係。

大部分的時候，家庭場合都是大家聚在一起。不管有沒有獨處的機會，你一定要各別去建立兩人之間的關係，這就是一個非常關鍵的訣竅。

怎樣才能跟你的爸爸、媽媽都保持良好關係？最重要的關鍵就是，你一定要維繫住和他們個人之間的那一條線。這條線就只有你跟他兩個人，從起點到終點，這一頭到那一頭。在這兩個點當中的溝通、結合、了解，不會漏到別的地方去，不會受到外界的干擾，不會有奇奇怪怪的線進來介入，就很單純地只有你們兩個人之間的情感。

這種個別獨立的關係，非常非常重要。因為它不受任何親友、環境的影響，就是咱們兩人彼此之間的交情，我們倆有這麼一份深厚的關係。在親子關係裡，這就是父子情、母子情，或者是母女情、父女情的關係。

世界上沒有另外一個他，也沒有另外一個你。這份情感就是你跟他，沒有別人，沒有任何其他三角的關係，沒有任何雜質的介入。

為什麼要這樣呢？

因為，當你建立這條線的時候，他可以真正地知道你愛他，你們之間有獨立的信任，你要傳達的意念才能擁有一條輸送的溝通管道，達到彼此了解、交流的目的。

這就好比說，你家住在四樓，就要有一條四樓專屬的水管。如果沒有一條水管從你家通到樓頂的水塔，你住的地方就是沒有水。那條水管是獨一無二的，就是專屬於你家的水管線路。

你跟爸爸、媽媽之間，也要有這樣個別專屬的管道，去建立獨立的溝通線。如果沒有建立這條線，就像你家的水管不是獨立的，而是從五樓分接出來的，當五樓把水閥關了，你就沒有水可以用了，想要用水還必須得看別人臉色。

換成親子關係來說，今天你想要跟爸爸好，但是媽媽跟爸爸的關係很糟糕，你想跟爸爸講講話還得看媽媽的臉色，這樣你當然沒辦法真正地愛爸爸。

不過，我並不是指孩子不能同時愛爸爸、媽媽，而是跟任何一個人之間，都必須要有獨立的管道。你爸媽有可能會吵架，有可能會對你挑撥離間，有可能會對你撒謊。當有了各別獨立的溝通管道，就不會什麼事情都混在一起，讓你做出不明智的判斷。

九：保持對他人的良好關係

這裡要談的，也是屬於建立關係。跟前一點不一樣的是，前面所提的是屬於建立你和爸爸（或媽媽）兩個人之間的關係，至於這裡，我們要講的對象是父母之外的他人。

這是什麼意思呢？為什麼要愛父母，還要跟父母以外的人打好關係呢？

簡單舉個例來說，你跟爸爸之間的感情，常會有很多人來侵犯，像是有人在你爸爸面前講你不好，或是在你面前講你爸爸不好，甚至表明要你選邊站之類的，反正就是有人會來挑撥。在這種時候，你不只要鞏固好你跟爸爸之間的這條線，還得知道該如何跟第三者保持良好的關係。這可有趣了吧？

很多時候，小孩子都有這樣的經驗：你聽到朋友或是親戚跑來說你爸爸或媽媽的不是。講白一點，這算是一種下三濫的手段，非常地讓人厭惡。他有任何的不滿，應該去跟當事人講才對，但他不敢直接面對當事人，所以才跑來跟你講。為什麼？因為你看起來，就是一副比較沒有威脅性的樣子。

不過，像這樣的事情，在人際關係裡是沒辦法避免的。好比說，奶奶會跑來跟你說媽媽有多麼不好，或是說祖父怎樣糟糕，說你爸爸有什麼不對的地方等等。這些講話的人，可能是你的長輩、親戚、朋友或鄰居，甚至是平常關係很親密的人。他們說什麼並不重要，反正就是一些抱怨或攻擊、批評，甚至是嘲笑、貶低之類的話。

發生這種事情的時候，如果你不會處理，就會有很多料想不到的事情發生。譬如說，你聽信了奶奶的話，受到了挑撥，就會變得很討厭媽媽，你開始聽不進去媽媽說的話了，媽媽也覺得莫名其妙。只要你受到影響，各種情形都有可能會出現，有時後果甚至非常嚴重。

還有一個重點要注意。爸媽不是完人，不可能完全都沒有缺點，所以也不是永遠拒絕聽信別人講的話，一口咬定他們所說的都是錯的。

我所要強調的是，當別人講你爸媽不是的時候，你不一定要反擊回去或跟對方吵架，或是固執地認為「反正你就是不能講我媽不好」、「我媽絕不可能是你說的那樣」、「你說什麼我都不會相信」。像這樣的態度，其實是很不成熟的。

那麼，到底怎樣的心態才是正確的呢？

你應該先聽對方到底說什麼，然後，必須要去示意對方你了解他所說的內容。不過，有一個立場很重要，你要表明這是他個人的看法，還有他跟你爸爸（媽媽）之間的關係。至於你自己呢，就是把話聽一聽就好，你有自己的判斷，不必受到他的話所影響。你不必急著跑去跟爸媽澄清或是理論，沒有這個必要。

你瞭解爸爸（或媽媽）有可能真的是對方說的這樣，但不需要因為別人這麼說，或是因為你跟奶奶比較好，就聽從奶奶的話，從此就看不起你爸爸，或是一見到媽媽就跟她吵架，這種情形不應該發生。

另一個很重要的關鍵，就是你要跟對方非常明確的表態：他若有任何的意見，不需要跑來跟你講，看看這是屬於誰的問題，就去找當事人講才對。你的態度很簡單，就是保持中立。

當對方有這些抱怨，或是遭遇不合理、不公平的事情，你就要向他表態：因為你不是當事人，也不曉得事實到底是怎麼樣，冤有頭、債有主，有什麼事情應該請他去跟本人講，不必找你發洩情緒。

若是對方不敢面對當事人講清楚、說明白，而只是一味地找別人抱怨、訴苦，你就應該直截了當地跟他說：「我不希望接受這些抱怨或是負面情緒。」你要停止對方的這些動作。

因為你沒有辦法證明他說的究竟是真還是假，也沒辦法還他一個公道，也不能給一個評論，事情的對錯不是由你來評斷。就算他有再多的不滿，都不應該跑來跟你說三道四，跟你講得再多也無濟於事，浪費大家的時間。

就算你的身份是當事人的兒子，你卻不曉得當年爸爸（媽媽）到底做了什麼，當時的過程究竟發生了什麼事情。就算真的是你爸媽不對，你也不可能當法官去判爸媽的罪，叫他去坐牢或是給予任何處罰，對吧？你什麼都不能做，而且這些也都已經是過去的事了。

這些負面的話，講來講去、傳來傳去，其實很要不得，對人們彼此之間的感情會造成很大的傷害，也對你的生活沒有任何幫助。

所以，請切記：當你遇到有人說你爸媽不好的時候，第一個態度，就是「有什麼話，麻煩請你去跟當事人講。」你要好好的示意對方，告訴他說：「謝謝你告訴我，不過這件事情呢，你應該直接跟我爸（媽）講，會比跟我講有用。」

第二個態度，就是不要隨便聽信這些東西。你要表明自己的立場是不想聽這些負面的東西，尤其是抱怨、責罵、評估、貶低、把話講到很難聽的，那些很丟臉、很無恥的負面情緒，統統都不需要聽。

你要明確地讓對方知道，以後不要再把這些情緒丟給你，因為你不是垃圾桶，不需要接受他這樣說話。以後見面就講咱們之間的事，不要扯到這些負面的事情，尤其是爸媽的事，根本不是你能處理的。你也不要因為這些事情就去質問你爸媽，遇到這個情況就是請對方停止，叫他不要繼續講。

第三個，不管人家講什麼，你要堅守對爸媽的愛，不要讓別人的話影響你。

你要了解，爸爸媽媽不是完美的，他們當然有他們的缺點。但是，這跟你愛不愛他們是不相干的，不能因為爸爸做過這些事情，所以你就恨他；或是爸爸有過這樣的不品格行為，或是有些事情處理不當、有人對他有所指責，就影響到你對爸爸的愛。這些原則是你自己要堅守的，也是你要去修練的。

你要去跟別人建立好這樣的關係，把彼此之間的空間保持得很好，別讓你跟爸媽之間的感情被他人任意侵犯。這並不代表對方一提到你爸媽就完全沒得談，而是你必須很清楚，絕不能被這些負面的話給影響，也不能因為這樣而讓你跟爸媽之間的感情變質。

十：找到爸媽的優點，欣賞他們的優點

你必須要花時間與精神去觀察、瞭解父母的生長環境，必須去認識他的朋友，去了解他認同的價值觀，包括他所有的需求、他的人生哲學。

你應該要找時間去跟爸媽聊，看看他對於一些事情有什麼看法。例如：

他最珍視的東西是什麼？

他的人生夢想是什麼？

他的價值觀是什麼？

他的人生哲學是什麼？

他了解最多的知識是什麼？

他最引以為傲的成就是什麼？

他在感情上有什麼樣的波折？

他經歷過怎樣的困難與瓶頸？

他在長大的過程中遇到什麼樣的問題？

他做過什麼讓人印象深刻的事情？

他曾做過什麼讓人覺得非常可貴，或是很感動的事？

不管是爸爸照過的照片，或是媽媽繡的繡花枕頭、煮了一手的好菜，或是他們曾經幫助過誰、經歷過怎樣的風波、吃過怎樣的苦、有過怎樣的成績，或是怎麼帶小孩、以前怎麼跟叔叔伯伯們來往……從小到大活了幾十年，總有一些東西可以講吧？總有一些作為吧？

每個人所做的事情，並不因為廣為人知而比較偉大，或是乏人問津就變得沒有價值。你要徹底地去了解關於爸媽的事情，從這些資訊當中去找出他的優點，挖掘出他們有什麼值得你欣賞的地方。

就算媽媽從沒幹過什麼驚天動地的大事，每天準時煮三餐煮了這麼多年，也應該讓人很感動吧？她把家裡整理得整整齊齊，把衣服洗得乾乾淨淨，這也很讓人感動吧？爸爸每天早出晚歸，一直工作供家人吃穿無虞，這也非常不容易吧？

我們要知道的是，爸媽曾經做過什麼？貢獻過什麼？他用怎樣的角度去看待人生？在他身上，有什麼是值得我們學習的？你要能夠發現這些東西，而且是打從心底欣賞，才能夠幫助你去愛自己的父母。當你能夠真正地欣賞爸媽，你就會讓自己感動；當你能感動自己的時候，也才有辦法去感動別人，這就是愛的力量。

當子女願意去花精神去體會父母是怎樣一路走過來的，去看他看過的東西、想他想過的事情，這種感覺正是愛的基礎。如果你對這些事情毫無興趣，你說你想要愛他，卻不願意了解他，那不是自相矛盾嗎？

爸媽有他的親戚、朋友，有他的老闆、同事，他怎樣去跟這些人維持關係？他如何跟周遭的人相處？他又是怎麼當長輩或晚輩？父母一定有一些他自己的觀點，跟還有屬於他自己的故事。

我鼓勵大家多花點時間傾聽爸爸、媽媽的心聲，讓他們訴說自己的過去，去傾聽他們的經驗，去觀察、去欣賞甚至去經歷他曾經發生過的故事。你要做的很簡單，前面都已經講過了，就是坐下來陪他們多說些話，想辦法去發掘出這些東西。這是我們可以從父母身上學習的機會，也是讓自己能夠真正地去愛父母的一個重要動力。

十一：相信愛

父母是愛我們的。不管他用怎樣的方法，從什麼時候才開始愛我們——從懷孕開始也好，從小學開始開始也好，或是從長大的時候才開始，各式各樣的父母有各式各樣的愛。這些愛，你總會記起來。

在長大的過程裡，偶爾還是會想起父母怎麼愛你。他可能曾經幫你撐傘，或是幫你準備了便當，幫你繡了制服的學號，幫你買了一雙鞋，幫你準備了旅行要用的東西，送你一個小禮物，或是給了你一個很好的建議等等……，生活中很多的點點滴滴，數都數不完的記憶，全部都是愛。

我們現在討論的愛是各別獨立的。爸爸有爸爸愛你的方式，媽媽有媽媽愛你的方式。你要相信，他們是真的愛你。

或許他們有時候會忽略你，有時候會有一些不適當的表達，甚至是讓人難以忍受的情緒與習慣，但這些都不是我們要討論的，也不是要你去質疑他們的地方。我們要了解的重點是：爸爸媽媽是真心真意愛孩子的。他的愛，有他專屬的方法；可能會有與眾不同的表達方式，但你要相信愛是存在的。

愛一個人需要學習。並不是說一聲：「我愛你」就結束了，也不是送個禮物，或是煮飯給對方吃，對方就能感覺得到的。愛，是一種很深刻的感情，而且是一門很深奧的學問。愛之所以必須學、必須練，正因為它是一門藝術，需要不斷地創造、不斷地練習，直到爐火純青的境界，擁有非常熟悉的技巧跟功夫，才有辦法持續下去。

所以，學會愛一個人必須要有知識、要有意願，也是需要經過千錘百鍊的。

要學習怎麼愛之前，你必須要先相信「愛」。愛不是虛無飄渺的東西，它是確實存在的。就好比說，藝術這個東西講求的是「美」，而美是確實存在的。你要先相信有「美」，看的到「美」，才有辦法進而去追求藝術。

如果你根本不相信這世界有愛，就沒辦法對你的父母好。當你相信愛的存在，你得學會去愛一個人，從父母愛我們的每一個細微動作發揚光大，把它發揮得更深刻、更感動、更偉大。

要學會怎麼去愛父母，就必須要去了解他、傾聽他、照顧他，跟他互動。這麼一路下來，你可以慢慢地在生活裡面發展出更多的愛，再把這些愛延伸出去，讓身邊更多的人受惠。

愛的精髓在於溝通。既然你已經決定要愛你的父母，就必須從父母的身上找到他所希望被對待的方式，去讓他們覺得開心。

或許，當你還小的時候，他們對待你的方式是他自己比較喜歡的方式，不是你所希望的方式。現在你長大了，換成是你要回饋爸媽，尤其是當他們年紀老的時候，你仍然可以找到讓他們開心的方法。你必須要相信，這份愛可以愈來愈深，愈來愈廣，而且永遠不會消失的。這份愛是可以不斷地經營、不斷地延伸擴張下去，直到生命的盡頭，生生不息。

當你相信人間有愛，努力創造更多的愛，沉浸在愛的世界裡，便能讓愛更完美。你要有這樣的信念，才能好好地愛自己的父母。

第十一章

我是乖兒子，還是兔崽子？

親子間要的很簡單。

父母要的就是溝通。他就是要跟孩子講話。小孩子要什麼？就是支持，也就是父母的愛。講完了，就這樣而已。

溝通，支持，愛，在進入本文之前，這些字彙出現的次數應該不下數百次了。應該很簡單吧？如果這麼容易，又何必出這本書呢？

孩子要去爭取爸媽的支持，但也要給予足夠的溝通。爸媽想要孩子的溝通，也要給予孩子想要的支持。你應該給的就要先給，才有辦法得到你想要的。

你要很在乎爸媽的世界，在乎他們發生的事情，他們就會回饋給你很多。爸媽有的東西，其實最後還是都會留給你，是不是？只是給的舒服或不舒服的差別罷了。

他們舒服了，你就是乖孩子；他們不舒服，你就是兔崽子。

「要」與「給」

跟爸媽處不好的子女們，犯什麼毛病？就是搞不清楚遊戲規則，就會搞得一塌糊塗，痛苦不堪。你沒有給出應該付出的溝通，相對就得不到支持。你給的溝通越多，你得到的支持也就越大。

爸媽也想支持你，偏偏你就是不溝通，要不然給的都是一些亂七八糟的溝通；那也就算了，你還堅持要他們支持你，他當然不會答應。以生意上來說，就是沒辦法成交，因為你給的東西並不是人家要的。

所以，你要懂得「要」，也要懂得「給」。

什麼叫「要」？你要知道什麼是你要的，你知道你要得到這個東西，然後，你要千方百計去得到。你得去告訴人家這個是你「要」的，這個叫「要」。

相對於「要」的另一面，則是「給」，這是施與受的關係。既然你要這個東西，你也要給予對方他「要」的東西。你要爸媽給你支持，就要給他們足夠的溝通。只要你給的份量足夠，讓人舒服也滿意，你要的支持與空間就會夠多。

如果你想要幹一件事情，爸媽說：「好，我支持你。」

「我幫助你。」

「我成全你。」

「我祝福你。」

這都是會讓子女感到無比的快樂、感動，因為你要的就是這個。

你不要以為父母一定要子女待在他們身邊陪他、養他或是給他錢。這些事情你都可以做，但是你所要的支持跟空間，包括所有物質上的資源，都有辦法用溝通來交換。

一般子女最大的問題，就是不懂要怎麼溝通，講出來的話不對焦，或是沒有意願、溝通量不夠多，所以問題百出。你講話支支吾吾的，甚至一句話都講不出來，爸媽聽了當然不會爽。

世界上可以讓人感到爽的事情，就是好好地溝通，包括了撒嬌、向人示意、會請安、講心事、告訴對方你想他，可愛的講話……就是要講話而已。

要跟給、施跟受，兩端要很平衡。如果你只是一天到晚要得到爸媽支持，卻連一點溝通都不願意給，甚至還評估貶低爸媽；當你沒得逞的時候，就擺臭臉給他看，變成兔崽子、不肖子，就跟搶錢的土匪沒什麼兩樣。

回去當乖兒子的時候，都是假的，坐在那邊裝乖，心裡卻是百般的不願意，沒多久就坐不住了，很快就想要走人。如果你是爸媽，會不會很生氣？因為真正溝通的量太少了。你何必違背自己的意願，去當爸媽的乖兒子？最後紙包不住火，就會搞得雞犬不寧。

其實，你不需要對爸媽的意見「照單全收」，你只需要和顏悅色地向他們表達自己的想法就行了。如果你勉強自己，就不會真心誠意地去做他們要你做的事。

當然，爸媽也不是笨蛋，他們也看得出來你是虛情假意的嘛。要是你多養了幾個小孩，自己當了爸爸、媽媽，就能深刻體會這當中的關係與感受了。

什麼是誠意？什麼是Social？

這裡舉個生活常見的例子。你若有空回去探望爸媽，記得帶個伴手禮，就是爸媽喜歡吃的。

如果媽媽跟你說：「不用啦，幹嘛花這些錢？」不是你媽不喜歡，而是因為你買錯了。你跑去名店買一盒好幾千塊，但你媽不希望你買這些給他。你只需要買一個三十塊、五十塊的小東西，他就不會講這種話，因為那是一個心意。

你記得要這樣說：「媽媽，這個是特別送給你的。」心意要到，但不需要打腫臉充胖子買昂貴的東西，做表面功夫。買昂貴的東西送人那一套是對付客人用的；把爸媽當成客人，就是「Social」。

Social是什麼意思？就是講客套的官話、做做樣子，擺出來的都是表面功夫。

如果是難得買一次，去金門買一瓶高粱，或是從法國帶瓶紅酒回來，意義就不一樣。如果你每次回家都買一盒很貴的鳳梨酥送給媽媽，你媽也才一個人，買這麼一大盒，她要怎麼吃？每次回去都帶一盒正式的禮餅，你是要訂婚還是要幹嘛？爸媽當然會覺得你有病，沒事幹麻討好我？他當然就不會很高興，因為你是為買而買，心意不夠。

你若真想討人歡心，應該要換個方式。如果你這樣說：「媽，我現在要回去了，帶一個你愛吃的綠豆椪回去給你。」一個餅多少錢？最多二、三十塊。你買一塊就夠了，他就很開心了，也不會罵說你買這個要幹嘛。

你也可以買一碗湯回去，跟媽媽說：「如果太大碗的話，我跟你一起吃。」你的心意是要給媽媽吃的，她就很高興，對不對？這就是溝通的真諦。

當然，如果你很有錢、功成名就了，想要送勞力士錶或LV包包就無所謂，因為你付得起。可是，要是你媽是種菜的，你送一個名牌包包給她要幹麻？這就是Social，因為你給她的東西並不實用，只會讓人覺得你很愛現，送這些東西是非常突兀的，同時也讓收禮的人很尷尬。

做這些突兀的事情並不是溝通。所以，你要給對方需要的、想要的，才叫做好的溝通。你要講他要講的，給他用得到的，必須要遵守這個規則。

你能給的，就是花時間陪父母

父母年紀大了，為人子女的要多花時間陪他。所謂的陪，不只是陪在身邊，還要花心思陪他們講話。如果你沒那麼多時間可以陪在他們身邊，就要找機會把需要的溝通補給他們。

以我自己為例，我在國外工作的時間很長，也不是常有機會跟爸媽在一起。但是一有空就會打電話給他們，有時候會帶他們去坐個船，二十四小時都在一起。這樣他們會很滿意，可以高興個三年，那種溫馨的感覺會一直存在。

然後，他們逢人就會很開心地說：「我女兒帶我去坐船呢！」

重點是：你陪他做他要做的事。他想幹什麼，你就陪他幹什麼。

人生是很公平的。你想要人家把東西給你，就得拿出東西去交換才行，就算自己爸媽也一樣。你希望他支持你，就得花時間陪他們。

如果你不願意給，只知道拿，只是要別人疼你，連家產都要給你，分太少還要罵，可是人家要的卻一點都沒有給，這不是強盜嗎？

你可以想想看，你跟爸媽的關係平不平衡？只要有平衡，就一定不會被罵。但只要不平衡，他一定會常常唸你、抱怨你，甚至跟別人說你的不是；只要他心裡有氣，一定會找管道發洩。那麼，為什麼要做到讓人沒事就罵你呢？

當然，溝通上最大的問題，就在於你講話不可愛，跟你講話不好玩。那也就算了，你講話還帶刺，甚至常常罵他、兇他，嫌他們無知、無聊、老古董、跟不上時代，那豈不是罪過嗎？我還見過不少小孩看不起自己父母，以父母為恥，好像爸媽很沒水準。像這種情況，你覺得補的回來嗎？

當你把這種狀態平衡回來的時候，從爸媽那邊得到的回流一定是很好的。因為父母本來就會支持你，他是愛你的，他會以你為榮，他打從心裡真的喜歡你。不管怎樣看，你都是自己的孩子，只要看到你，他就心滿意足。

為什麼你不敢跟爸媽要？

有時候，爸媽會塞些錢給你，兩千、三千也是給，你就大大方方地跟他們拿，但記得一定要謝謝他們，能多講幾次更好，禮多人不怪嘛。

你只要吃飯的時候看人家的臉色，把他們需要的溝通給足了，然後就可以跟他說：「爸，我最近做些生意需要周轉，你手頭上有沒有二十萬可以借我？」

要是你把爸爸搞得很開心，他就會說：「二十萬夠嗎？給你五十萬好了。」

不過，如果你覺得講這些話很不自在，覺得很尷尬，好像是被話噎到一樣……為什麼會這樣？因為你對待爸媽的方式是不對的。

回想小時候，是不是有什麼事情都會去求爸爸媽媽幫忙？有些要求，甚至都可以用

「膽大包天」來形容。但現在呢？連一個字都吐不出來。為什麼不敢講呢？

因為你不理人家了，對爸媽擺臭臉，變成兔崽子了。他們到底欠了你什麼債？有的孩子甚至還很囂張地說：「我再也不要回家吃飯了。」父母是不是也不能接受？

孩子跟父母之間的施與受是一個平衡關係，雖然不能量化，但那些感覺一定存在。小時候從父母那邊拿得多，長大了要平衡回去；不是用錢或物質來彌補，而是那份心意要平衡。一旦關係失衡，便會讓你沒辦法做成乖兒子，而是變成了兔崽子。

其實，許多孩子並不是有心要忤逆爸媽，卻不懂這個平衡的法則。如果你從小跟父母要了很多，回家就跟媽媽說肚子餓了，跟爸爸說你要補習，跟媽媽說要學鋼琴，或是衣服破了要補，或是跟誰打架之類的，什麼事都要爸媽幫你搞定。他們對你付出這麼多，二十年後的某一天，你突然不理他們了，收拾了行李掉頭就走，那種感覺對他們來說當然很心寒。做人應該要將心比心哪！

爸媽並不完美

父母親很關心孩子。他們會問你的狀況，然後會以他過去的經驗，給你一個他覺得合理的結論，告訴你應該怎樣做會比較好。雖然他解決問題的能力不一定很專業，但他們只是盡力在做好一個爸媽的角色。

當孩子還不太懂事的時候，就會聽從父母的意見。但長大了之後，自己有了獨立觀察跟判斷能力，尤其發現想法有衝突的時候，就會想：你憑什麼給這些結論？我為什麼一定要聽你的？

對爸媽來說，這並不公平。因為孩子不應該把爸媽當成顧問、把他們當成老師。他們只是你爸媽，只希望你過得好一些，但他們沒有專業的諮詢經驗，所以只能給你自己所知道的一切。

有些時候，孩子所要求的，只是爸媽的支持就行了。你不能要求爸媽都很完美、想法都很合理，一站出來就很會說話，能夠敏感到完全知道你的感覺，這些要求都太過分了，因為他的職責並不是這個。

這就好比你希望老婆很會走台步，像個受過專業訓練的模特兒一樣很會擺姿勢，這種要求就有些過分，因為她的工作畢竟不是模特兒。你老婆可能也會要求你要隨傳隨到、要會修理電視、要會彈琴給她聽等等，這也是不切實際、不合理的要求。

如果你對爸媽的要求，他們都做不到，就要接受他們能夠付出的程度。你爸媽也只不過是一個人，是你人生旅途上一個很重要的朋友。你們跟你是平起平坐的，沒有必要看不起他，因為他就是不會啊。

要是你爸媽是文盲呢？也沒怎樣啊。你何必去要求「你怎麼這樣」、「你怎麼不那樣？」有太多的標準，只會讓你更不開心罷了。

親子間沒有標準，只講感情。感情是沒道理的，就是喜歡，就是愛，沒別的了。不需要講什麼深奧的理論，又不是要得諾貝爾獎，或是要上醫學報導。你就簡單地跟爸媽講一些家常瑣事，最好只是聽聽他的經驗就好了。

你可以問爸媽年輕的時候在幹嘛？遇到一些狀況會怎麼解決？父母喜歡講他們過去的經驗，讓你多了解他一些。你把要知道的資料聽進去就好，沒用的批評或貶抑的資料就不必吸收，你自己要能夠過濾。

你不能期待你爸媽像生活智慧專家或是精神導師一樣，能引領你走向一個偉大的方向。比方說，你要做生意時去請教你爸，偏偏他自己做生意也沒成功過，你問他的意見要幹嘛？你問你媽如何才能當個好老婆，問題是她自己也都做不好，又要如何去教孩子？這些方向就不對。

所以，你和爸媽說話時，要懂得怎麼去對焦。

要是平常的溝通不夠多，等到要把這些話補回來的時候，你一定得先知道他要的是什麼。你得先了解用什麼方式和他們講話，講什麼內容的話，而不是亂補一通。要是你講了一篇長篇大論，根本沒人聽，或是喧賓奪主開始教訓起爸媽了，他們當然懶得跟你囉嗦。

他要的東西很簡單，簡單到會讓你覺得：天底下竟然有這麼便宜的事情？但是當你給錯了，戰爭就會一直持續下去，你就會覺得很痛苦、很不自由，怎麼會這麼倒楣，爸媽怎麼會這麼不明理……，不對，其實是你自己招惹來的，因為你一直給不出他們要的。

所有你討厭爸媽的地方，你都會有

有一件事情是非常詭異的：你最討厭爸媽的缺點，你也會擁有。這就像是魔咒一樣。

如果你喜歡爸媽身上的某些優點，你不一定會擁有這些優點，除非你努力去學、去練。但是，如果你討厭他們的某些缺點，你身上一定會有，這是一個可怕的機制。而且，你會用你最討厭爸媽的缺點去對待你的另一半，像是潑婦罵街、冷戰不說話，搞得對方很痛苦，婚姻就會發生問題。

所以，為什麼你一定愛你的爸媽，要跟爸媽的關係很好？因為你一定要突破這個魔咒。如果突破不了，你跟另一半也會發生一樣的問題，跟你的孩子還是會重蹈覆轍，不僅如此，在工作上也會出現同樣的狀況。人家討厭你的地方，就是你討厭你爸爸媽媽的地方。

這個很有意思吧？但事實就是這樣。

你應該要向爸媽講出自己的心裡話，把他們當最好的朋友真誠以待。但是，許多孩子不是這樣，故意裝乖、裝紳士淑女，講話像在出來競選一樣故意奉承討好，嘴裡講的都是一些社交辭令，聽起來都是虛情假意的表面話。

如果你是這樣對待爸媽的，你自己想，和他們關係會不會好？爸媽對你這個孩子的表現，會覺得舒服嗎？這個答案，你自己一定知道！

不管這些難受的感覺是怎麼發生的，反正你帶給對方不舒服是事實。那些不舒服會形成一個反作用，造就你變得更變態。你會去同情他，或是你會故意變成乖兒子，你會想：爸媽叫我做什麼，我就去做。

其實，有許多事情你是不同意的，但你會買單，你會跟他交換，你會簽約，你會做不由自主的事。結果是大家都有心結，非常不開心。

為什麼你會這麼做？因為你也很痛苦。

原本你不同意，直接講出來就好。可是你講不出口，只好暫時先吞了下來，之後再跟爸媽做了言不由衷的交換。因為你的選擇最後將帶給對方痛苦，所以你只好繼續當一個「乖兒子」。這個「乖」並不是真的，而是一種心不甘、情不願的交換。但你也不敢不乖，這樣惡性循環下去，人生當然非常痛苦，也非常的殘忍。

沒有人教你這樣。你爸媽可沒有拿槍頂著你，是你把自己給賣了。然後，你又找機會反過來，變成一個跟爸媽做對、找碴的「兔崽子」。這全都是你搞出來的，而且就這樣一直循環下去，一下當乖兒子，一下變兔崽子……在那邊變來變去；如果今天特別有罪惡感，那就當個乖兒子。改天如果鬥志高昂，正好想找人吵架，搖身一變就成了兔崽子，是不是很奇怪？

過與不及都不好。要是你常很衝動，對爸媽態度很兇、很跩，就算你不敢罵出來，還有其他各種狠毒的招式：擺著臭臉、關門很大聲、躲起來打電動、理都不理他……，把爸媽氣到心臟病差點發作。

不過，你扮演過了兔崽子之後，一定會當個龜孫子補償回來——「裝乖」。要當乖孩子的時候，你就很壓抑，都安靜，爸媽叫你做什麼就做什麼。他叫你拜拜，你就去拜拜；叫你去相親，你就去相親，你突然變得很乖，讓他們高興個幾天；過幾天之後，兔崽子又突然回來了。

「這傢伙吃錯藥了？怎麼回事？」

你常常會覺得很難控制自己，一直找不到平衡，常常要暴衝。你爸媽也很難斷定你到底是不是個好兒子？因為他們也很困惑，被你搞得一頭霧水。有時候你很乖，有時候你很野蠻，有時候你很兇，有時候你又很溫柔。

所以，爸媽會說這樣的話：「我兒子其實心地不錯，只是有時候脾氣差了點；平時還滿乖的啦！」

那麼，你在跟爸媽相處時，你所希望的理想狀態是怎樣？你爸媽希望的又是怎樣？兩個一定不太一樣，你心中一定明白，你有責任把它找出來。

為何爸媽總是找我碴？

你跟爸媽關係很好，天南地北什麼葷腥話題都可以聊。可是，如果你們的關係不夠好，不管談什麼，方向都會歪掉，最後都會起衝突。

只要是有衝突發生，表示天平的兩端已經出現了不平衡。想要把不平衡的關係彌補回來，並不是一天兩天的事，沒有辦法用偷吃步的。

就算你對爸媽說：「我今天有一筆大生意要做，這筆生意談定之後，可以幫公司賺進好幾億。」

連這樣的好事，你爸媽還是會對你雞蛋裡挑骨頭，故意找碴跟你吵架。

你要明白一件事，這不是生意不好的問題，不是你能力不夠的問題，而是因為你們的關係不夠好、感情不夠濃，後面不管要討論什麼事情都很難。

你跟你爸媽十幾年下來的恩怨，不可能只用一句話說：「我很想你，我愛你。」就能把洞給填滿，你不可能只講一次，就期待有奇蹟出現。但是，這些話你一定要給出去。

人際關係就像一座天平。你想要得到眾多客戶的信賴，要擁有良好的人際關係，你就必須去跟他們搏感情，就算要跟銀行貸款，平常也得要維持好信用。子女跟父母之間的關係也是一樣，想要他們對你放心，你事情要做，話也要講，而且要講到讓人家放心。

你不能說：「你不需要擔心我啦！我不會出事的！」

這些話是沒有用的。因為你的表現並沒有得到對方真正的認同，他們對你不夠放心，你講的話並沒有辦法滿足他們想得到的信任。

其實你心裡知道，是那種溝通不滿足所造成的感覺在拉扯，所以心裡很難受。為什麼他無法滿足？因為這是長年累月欠下來的，所以有些父母一看到孩子就有一股無名火，很想開罵或是碎碎唸。雖然他還是很愛你，但是那股氣就是消不掉。你一遇到這股怒氣將要爆發了，就想趕快落跑。他可以因為這股氣，攻擊任何你做的事情。

如果你騎腳踏車，他就唸你騎腳踏車會跌倒，如果你潛水，他就唸你潛水會溺水，甚至連讀書他都可以罵：「讀那麼多書也不會賺錢，我養個賠錢貨要幹嘛？」

連讀書也有得罵，好笑吧。

你要知道原因，他氣的是自己的孩子不長進、不會做人，跟你做什麼事情沒有關係。只要你不長進，不管做什麼都會被罵。你交女朋友，他罵你女朋友不上道；你買件褲子，他罵那件褲子沒格調；你換個工作，他罵你朝秦暮楚。反正他就是要罵，對人不對事。

這也是一般孩子會有的迷思。要是你搞不清楚原因，就會以為說：不過買件褲子而已，有什麼大不了？交女朋友你也反對，連換個薪水比較好的工作也被罵，為什麼？頭想破了還是想不透，以為爸媽看不起我，或是不愛我——不對！因為思考的方向錯了，焦點不正確。

爸媽不是反對你做的事情，他反對的只是你。因為你反對他，你嘲笑他，你看不起他，你對他不夠好；所以，他一定要跟你抗爭。他不敢正面罵你，就罵女朋友不上道、褲子不好看、工作沒前途，事實上這些話全都是衝著你來的。

你有沒有想過，自己回家的表情怎樣？態度怎樣？你怎麼跟人打招呼的？你嘴巴甜不甜？有沒有什麼事都跟爸媽分享？還是只是亂丟垃圾，講一些負面又難聽的話？

爸媽在那邊等你說話，你卻什麼都不講，他很無奈又不能打你，就只能找你的碴。就算你沒做錯什麼事，他還是會罵你，因為你所付出的，就是讓他覺得不滿足。

你想吃「車」，得拿「炮」來換

當你有了男朋友或女朋友，或是結了婚的人就會知道：當一個人覺得另一方所給的無法滿足自己時，那種怨念會把兩人的關係給害慘了。

「有個老婆是不錯啦，可是，她就是做不到我要的標準。」

「我的老公是個好人，但是，我還是對他不滿意。」

你覺得女朋友為什麼不跟你撒嬌？男朋友怎麼不多跟妳講話、多關心妳一點？不滿足就是那種感覺。

「他怎麼就是不愛我？我哪裡不好？」那種不舒服，足以把一個人給殺死。

「他怎麼不對我好一點？」

「老婆怎麼不跟我撒嬌一下？」

你想要的就是這個。可是，十年來，老婆就是不撒嬌，你就會瀕臨崩潰，非常痛苦。

換成男人也一樣。如果老婆十年來都跟你說：「你賺這點錢，連買菜都不夠！」每個月都在你的耳邊喊錢不夠用，喊到耳朵都長繭了。然後，兩邊都有一點點的不舒服，慢慢地累積下來。

如果你可以了解那種痛苦，就會知道對方需要的感覺是什麼，否則就無法對症下藥，沒辦法滿足他們。爸媽要的滿足感，其實真的簡單到像吃一碗紅豆湯，吃一個蛋糕這麼容易。

請你回想小時候的情景。只要跑過去跟媽媽說：「媽媽，抱抱！」然後牽著手一起去買菜，她就會很滿足，是不是？她要的也不過是這樣而已。你現在為什麼做不到呢？

當然，你不可能再用小時候的那種方法去抱你爸媽。可是，他要的那種感覺，你要給他。媽媽要你撒嬌，長那麼大了，就不能抱嗎？還是要抱一下。也許你都不知道，這麼抱一下多麼有用啊。抱一下，爸爸媽媽的眼淚都掉下來。

爸媽很希望跟孩子很親近。為什麼長大後就不理他了呢？小時候你常跑去媽媽那裡拉一拉裙角，不是都跟著她去串門子，或是跟爸爸一起去朋友家泡茶？他要的就是那種感覺，爸媽很習慣你這樣黏他們。

不過，話說回來，也就是這個感覺讓他們氣死。因為他很習慣你小時候黏著他們，所以造成他有一個錯覺——他以為之間的關係很好，但那是假的；或應該說小孩沒得選擇。

對他們來說，知道事實是一件很痛苦的事。因為不管怎樣，他們是你父母，你是他兒子，他們很愛你，對他來說這是真的。他最疼你，你跟他最親，他所有的東西都要給你，他賺錢也都是為了你。

那現在呢？只要你沒做到他們要的標準，在他們眼裡，你就是吃裡扒外的混蛋。這叫他們怎麼吞下去？每天都在搥心肝。

所以，爸媽不支持你，或者他覺得你女朋友不好、結婚不好、唸書不好、換工作也不好……，純粹是找你碴。不是女朋友的問題，也不是老師、功課、工作、薪水的問題，通通都不是。原因只出在因為你沒有讓他覺得滿足。

在人際關係裡，你一定要學會逗別人開心，否則，你的人情債只會越欠越多，最後負債累累，當然會被抓去關！要是你欠了銀行錢，他們每天都打電話跟你催討，因為是你欠人家的，債主當然會想盡各種方法向你討債，對不對？

欠銀行的錢還不起，大不了被捉去關。那麼，子女跟父母之間呢？關係斷不了，怎麼斷？而且老實講，絕大部分的人也不想斷絕，這就是有趣的地方。既然想回家，為什麼不讓人家舒服一點呢？這是一輩子的關係。

人生呢，就是一連串不停的交易。就像下象棋一樣；你想吃人家的車，就要拿炮跟人家換。當你看清楚自己給爸媽的不夠，二十年來都不願意好好跟人家講話，所以爸媽今天會這樣對你，心裡就會平靜一點。

此外，你也要能夠將心比心。要是以後兒子都不跟你講話，你一直給，他一直要，你會有什麼感覺？他是你孩子，是不是一直再給，卻給的很不爽？可是，要不要給呢？爸媽就算再不開心，還是希望彼此的關係可以很好，他還是願意為你付出。這就是爸媽，這就是天下父母心。

第十二章

讓爸媽明白你的愛

世界上最值錢的東西，就是溝通，就是講話。

想想自己平常的講話，打屁聊天都很厲害。一旦講到正經事，比如要跟爸媽說你有女朋友了，或是你要結婚了，或跟他們借錢，是不是常吞吞吐吐的？需要講多一點的時候就詞窮了，要不然就是卡在喉嚨裡吐不出來。

在這些關鍵時刻，爸媽就像在聽你唱戲，偏偏你就是唱不出來，是不是很糟糕？既然要唱，就好好唱給人家聽，把最好的水準拿出來。把雜音、噪音加進去要幹嘛？只要你講話不好聽、表現不可愛，父母就會找你碴。其實，這是你自己惹出來的。

你回到家，爸媽很高興地煮東西給你吃，要找你閒話家常；你的嘴應該要甜，應該要可愛，要撒嬌，要仔細聽人家講什麼話。偏偏你講沒幾分鐘就厭煩了，人家煮東西給你吃就敷衍地吃一下，然後跑去看電視，拍拍屁股就要走了，還問有什麼什麼東西可以帶走？你媽就大包小包地給你水果、給你衣服，給了一大堆，你拿了就走了……你可以想像一下，這個畫面是不是很糟糕？真是情何以堪？

父母拿東西給你吃，你要面對著他的臉，要把東西吃給他看。不只是這樣，你吃的時候要對著他們說，這東西很好吃——吃東西的時候，要一直配著話。他跟你講一句，你就要跟他講兩句。

他為什麼會煮這麼多東西給你吃？無非就是希望你能夠跟他講久一點，要看著你的臉，跟你好好講話。這就是你跟爸媽之間的交換。他們的目的只有一個：家人在一起，多聚聚就好。

溝通，只為了更舒服

親子之間的關係，怎樣最好？衡量標準就是兩個字：舒服。在一起可以稱兄道弟，無所不談，想幹什麼就幹什麼，彼此關係非常好。

要建立這種緊密的關係，是有技巧的。就好比縫紉，功力好的人改衣服，你看不出來這衣服有改過。如果不會改的呢？一看就知道是被改過的，因為不自然，改壞了還不能穿。

跟人相處的關係也是一樣。如果你不懂得怎麼跟人講話，就像補衣服的地方看起來很明顯，破綻看得一清二楚；如果你技術好便看不出來，應對進退非常得宜。

再以化妝來做比喻。如果會畫的人，原本大小眼的問題，就可以藉由化妝變得左右眼看起來剛剛好。眉毛一邊高、一邊低，也可以補到左右平均對稱。熬了夜，本來氣色很糟糕，也可以藉由補妝把氣色變得好看許多；就算臉上斑很多，也能遮掩到看不出來。有這樣的功力，才夠資格被稱做「技術本位」。

明星為什麼要找專業的化妝師？怎樣才叫專業？專業就是他的動作夠精準。經過巧手一揮，整個人全都變了樣——皺紋不見了，眼睛可以變大，眉毛畫得很漂亮，肌膚看起來吹彈可破，甚至臉要變胖、變瘦都有辦法，是不是？這就叫專業。

在人際關係的處理上，也要有這樣的水準，這就是你的溝通技巧。你要先知道溝通之後的理想狀態是什麼？自己離這個狀態有多遠？現在有多麼不舒服？你應該要給自己打個分數。同樣地，爸媽對你的溝通表現也會有一個分數。兩邊平均下來，就是你們親子之間溝通的分數。

假設，你理想中的溝通狀況是一百分。如果爸媽的溝通只有五十分的水準，那你自己這邊就必須要做到一百五十分，兩邊平均之後，才有機會達到你理想中的狀態。為什麼進步的速度一定要快？因為你成長之後的能力，必須平均分攤到兩邊的分數。

你叫爸媽進步，簡直是難如登天，除非他自己願意。如果一個人不進步成長，永遠不會改變；只要你有改變，不管幾歲，身邊的人都會非常高興。如果爸媽願意改變，孩子也會非常開心。這樣就曉得，孩子的心聲是什麼。

但是，多數的父母都聽不進去，他們覺得自己這樣就夠了，成長是小孩子的事。所以，孩子希望父母也能進步，卻永遠盼不到，只好自己走快一點，為了分攤父母那邊不能進步的分數。所以，你永遠都要做超過，才有機會平衡過來。

讓自己很有能力，就是為了把人生扳回來。只要低於平均分數，你就要花這麼多的力氣。你有沒有辦法保證自己的感情很美好？可以，就是無條件做200%，把對方的部分也擔下來，這就叫負責任。

為什麼你一定要會講話？因為要講那麼多的量，爸媽才會笑，才會開心。如果你做到超過100%了，你媽會怎麼講？

「有啦，我女兒有進步。」

「我兒子現在有比較成熟，比較懂事了。」

得到這樣的評價，表示你終於為自己的人生扳回了一城。

我曾幫一個男孩子作媒。這個男孩子原本不想結婚，他爸爸也不相信兒子有本事結婚，所以大膽放話說：「我兒子若有本事娶到老婆，機率比中頭獎還要低。」

當我要幫他作媒的時候，我對他爸爸說：「現在他要娶的這個女孩子漂亮又能幹，學歷又好，是不是？」

爸爸半信半疑地說：「真的嗎？我兒子真的能娶到人家嗎？」後來，果真中了頭獎，因為連孫子都生出來了。

為什麼要生小孩？因為你跟爸媽的關係不好，生一個孩子可以彌補不少關係，回去他們才會開心一點。要是你都不會講話，有了孩子至少可以讓家裡熱鬧些；有小孩就是可愛，就是有未來。

你要做到超過一百分，把爸媽的部分補起來才行。要是連這點意願都沒有，你真的敢說你愛自己的爸媽嗎？你要愛他，就要把他們沒做到的部分也補起來，這樣大家都舒服。

舒服，是練出來的

現在來分析一下，為什麼自己的溝通分數會這麼低？到底什麼地方不會？這就是你成長必須要做的功課。

把分數打出來之後，也可以把要練習的項目列出來，時間表也要訂出來。每個星期裡，每天要對誰進行哪些溝通，要用什麼方式講話、講哪些主題、講到什麼結果……，不管做什麼，都需要練習。

練，是為了什麼？就是為了要讓自己超過一百分，否則會終生遺憾。

不管你有什麼夢想、要幹什麼大事業，如果跟爸媽的關係不好，都是一輩子的痛苦。他們活著的時候你也痛苦，他們過世了你更痛苦，這種感覺是永遠都躲避不了的夢魘；如果不能解決這個問題，人生很難真正自由快樂。

這種痛苦不會只發生在你跟父母之間而已。只要你的溝通有問題，你跟老婆、孩子、親戚、朋友、同事之間，一樣都會有問題。

有個爸爸感到很痛苦，因為老婆對小孩講話的方式非常粗暴，他每天都想要抱孩子去收驚。別人聽了以為他在說笑話，但這位爸爸一點也笑不出來。爸爸無法接受媽媽教育小孩子的方式，也沒有辦法跟老婆有良好的溝通，為了教育小孩，夫妻每天吵架……

若是你不能進步，要怎麼去教養下一代呢？又如何擁有美好的婚姻呢？父母又如何能不擔心你？大家相處下來，又怎麼會快樂？

如果你不成長，只會成為別人的問題與累贅。

爸媽不會講話，小孩子很難學會怎麼說話。爸媽講的話很奇怪，小孩子就會變得很奇怪，個性也會有問題。孩子跟著爸媽有樣學樣，所以，父母的責任非常大。

另外一個需要練習的，就是情緒的控制。如果你的情緒控制很糟糕，別說你爸媽不舒服，將來你的孩子也不會舒服；若媽媽胎教有問題，嬰兒在媽媽肚子裡就不舒服了。

譬如說，有時候媽媽會說：「妹妹、妹妹，快來吃飯。」

但孩子很明顯就不想吃飯，大人、小孩兩個人在那邊搞來搞去。小孩要跟人家玩，媽媽就說：「不能去！給我回來，快！」那個關係早就不舒服了。親子間所有的不愉快，並不是等到孩子二十歲才開始覺得不舒服，其實他從一出生就覺得很難受。

有些爸媽更糟糕，不管怎麼餵嬰兒都不吃，小孩一直哭鬧，為什麼？因為他不舒服嘛。就算要抱，也要抱得讓嬰兒舒服，並不是隨便抱一抱就行。要是平常就疏於練習，根本不可能會讓人覺得舒服。你以為隨便牽個手、抱一下、親一下，別人就會很舒服嗎？這些動作，全部都是需要練習的。

所以，有一個成語可以形容孩子的痛苦，叫做「難言之隱」。嬰兒不會跟爸媽講：「你這樣抱我，我很痛苦的。」對不對？

做人有一個很重要的責任：學會讓別人舒服。但是，你不能總是要求別人一定要讓你舒服。所以，你得要讓身邊每個人都覺得舒服，這就叫做「百分之兩百的責任」。就算他拿零分，你兩百分，這樣平均起來剛剛好兩個人都一百分，這就是得到幸福的真正答案。

聽起來很殘忍，有些人甚至也擺出一副不想做的樣子；你不想做，日子就只會更辛苦而已。這也是沒辦法的事，天下沒有白吃的午餐啊。

好話不嫌多

爸媽想要的，跟你自己想要的可能不一樣。不過也沒關係，還是可以各得其所，就像老婆要的，其實跟老公要的也不一樣。但是，如果老婆能撒嬌，老公就願意付錢，交換的方式不同。如果老婆能夠在家多一點笑臉，多說一些好話，那老公或許就願意少打一些電動，或是少加一點班等等。

什麼事情都可以交換的，就像做生意一樣。你開出你的條件，那人家也開出他的條件，交換的內容是雙方都同意，而且很合理，對不對？

父母跟小孩也一樣。平常吵架在吵什麼？就是不爽對方嘛。你說你對爸媽管教的方式很不滿意，同樣地，他也對你說話的態度很不欣賞，不然怎麼會吵架？

不爽歸不爽，兩邊不爽的東西不太一樣。爸爸喜歡女兒跟他撒嬌，可是女兒就是不跟他撒嬌，那就不親近了，就讓爸爸不舒服。所以，當女兒要結婚了，她過來抱了爸爸一下，爸爸眼淚都流下來了，是不是？

你要了解爸媽的心情，還是多跟他們多說一兩句好話吧。

我跟外國人打交道時，都會跟對方擁抱，這是國際禮儀。有一次，我看到長年住在國外的舅舅，我就抱了他。媽媽站在旁邊說：「怎麼沒有抱我？我不用喔？我沒有喔？」她就是在等你對她做那個動作。

為什麼你爸媽會生氣？為什麼老婆會生氣？因為你會幫別人開門，幫別人提東西，對待別人都非常體貼，卻把他們晾在一邊不理不睬。他就會想：那我為什麼就沒有？你對別人都這麼好，都會笑臉迎人，回到家為什麼就不會笑？你跟別人可以說這麼多笑話，為什麼回來什麼話都沒講？

了解這個道理之後，一定要回頭看看自己的問題。若是不看自己的問題，一直去問對方為什麼這樣、為什麼那樣，是沒有用的。只要你還沒有做到讓他滿意，還沒有補到平衡，就失去了交換條件的籌碼，爸媽就會找盡所有的理由跟你互槓，這就是一般子女在生活裡跟爸媽遇到的問題。

只講一次，是絕對不夠的

前面的章節提過，爸媽要的溝通很簡單，只要寫一封信、打通電話，他們就會很高興。寫什麼內容不重要，關心一下、溝通一下，讓那條線繼續存在，而且要一直保持下去。

很多人都會說：「有啊！我有講！」可是，一年只講三次，不夠的。

等到你為人父母了，就會了解這一點。你希望從小孩身上得到的，你也應該給予自己的父母，因為你也是人家的孩子。父母永遠不厭其煩地希望看到自己的小孩，次數永遠不嫌多。

所有的人在當了爸爸、媽媽之後，他就會很在意小孩，每天拼命努力賺錢，彷彿一切都是為了孩子。既然你這麼愛孩子，有沒有想過，爸媽也是用這樣的心態對你？

有一天你當了爸爸、媽媽的時候，也會對小孩百般的嬌寵，同時也一樣有所要求，希望有所獲得；但孩子也不一定能滿足你的期待，這就是一代又一代之間的問題。這般永無止盡的痛苦，必須要在我們這一代停止。你要讓你的父母感到滿足，讓他們以你為榮。

以我自己為例，我能做的就是盡量回饋給爸媽，所以我跟爸媽的關係非常好。我甚至為了我爸出了一本書，只要他滿足了，就會說：「有這個女兒是我莫大的榮幸。」戰爭就不會再繼續下去了。

以我媽媽來說，我也是盡量想辦法做到她要的。她非常有興趣帶子女去跟朋友吃飯，所以我就會盡量滿足她。有時，她會說：「今天要跟張老師吃飯，你要來嗎？」其實她也知道，明明我已經這麼忙了，這樣講是什麼意思？這就是藝術了——我得去，而且去了還不能只是坐在一邊陪笑，而是要一直跟張老師講話。然後，張老師會說：「喔，妳女兒很棒喔，妳很會教。」嗯，這樣媽媽就開心了。

我們都有可以拿出來「現」的事，我們有覺得驕傲的事，爸媽也會有。如果你跟他們處得很好，他們一提到你就覺得很開心、很驕傲，你就是你們家的優質產品。

不能只是「講」，還要包括「聽」

在跟爸媽溝通的過程裡，不是只有「講」而已，還要包括「聽」。所以，你一定要仔細聽父母講什麼。

要是爸媽一開始講，你覺得很煩，就說：「媽，這句話妳已經說過三百次了。」那等於是把炸藥點燃，又要爆炸了。你聽不進去就算了，又不懂怎麼回應，當然只能得罪爸媽。

你說：「算了！這樣下去很無聊，我要回去了。」包你還是被罵，因為你不知道他要的是什麼。他要的回應你給不出來，或是給的不對，就算講了他們還是不爽。

爸媽喜歡講一樣的東西，喜歡跟你講東家長、西家短，講他個人的見解或做事的道理，還有一些他覺得有趣的事情，你要仔細聆聽並且好好回應。

譬如說，他去跟人家吵架，或是幫朋友討公道回來，或是跟人對簿公堂之後勝訴了，他之所以講這些，要的也不過是希望你給點掌聲。

你可以說：「媽媽妳真厲害！我都不知道妳可以這麼兇，原來妳罵人這麼頭頭是道，連這麼難搞的對象也被妳擺平了……」他要聽的就是這個。

做子女的人，從小從父母那兒得到許多掌聲。現在父母希望得到孩子的掌聲，為什麼你又開始吝嗇了呢？要是你氣量狹小，又怎能要求別人對你寬宏大量？你之所以會惹毛爸媽，就是因為不願意給他們掌聲，也不想花時間陪他。那反過來看，想叫爸媽支持你，恐怕比登天還難吧？既然他得不到他要的，有什麼理由要給你要的？

所以，爸媽會一直覺得他很犧牲、他很倒楣，覺得他很哀。因為他養個小孩不貼心也就算了，還一直製造麻煩，回來不是討錢就是拿東西，連衛生紙都拿走了，卻什麼都沒帶回家，連一句「媽媽，我愛你！」都不肯講，真是人間悲劇。

彼此談心——No business!

父母跟子女之間沒有真正的溝通，就會變成只能講公事，有點像下屬跟上司的關係，但是沒有太多的私交。

想一想，你跟爸爸講話沒有私交，就變得兩個人之間沒什麼話好講，只能哈拉哈拉，東扯西扯。但是，在兩個人胡扯八道的時候，其實並不是真的在溝通，只是希望藉著這個方式跟對方建立關係，其實還滿傷感的。

子女應該要建立跟父母親之間的私交，去深入了解他們的想法，必須要進入他們的世界。不過，進入另一個人的世界，對一般人來說滿恐怖的，好像潛水一樣，沒事幹嘛要去這麼危險的地方呢？

不過，爸媽希望孩子能夠進入他們的世界，希望自己能被孩子了解。其實，一般的爸媽是很健談的，只要話匣子打開，很多事情都可以講。只是孩子沒有意願去了解這些事，所以讓爸媽覺得寂寞，沒有人可以真正地跟他講話。雖然他們有自己的朋友或同事，但能跟自己的子女親近，是另一種幸福的滿足！

最好的互動方式，就是去聽他們講話。一旦他跟你溝通到重點，他覺得自己可以被了解，覺得心裡很感動，就不會像從前那樣對你百般挑剔，兩人之間的關係也更上一層樓。

有些孩子一直以為爸媽的個性很硬，一直故意跟自己過不去，其實並非如此。爸媽故意用那種反應來表達心裡的不滿，這是一種抗議的方式。

如果你可以坐下來，誠心誠意地跟爸媽聊天，他就會說：「你決定了就好，該怎樣做就怎樣做吧。」你跟他講的事情，他也會接受，給你自由發揮的空間——前提是，你要能夠讓他感動，讓他覺得被了解。

所以，你應該要找機會跟爸媽好好聊天，讓他對提升對你的信任，把自己的心事告訴你，甚至讓他有機會表達他有多愛你。子女必須要有能力去面對父母，要了解他的感動、感覺他的痛苦，跟他們一起共鳴；不能講到一半詞窮就只好退避，甚至擺出一副沒興趣的樣子。那種感覺就會讓爸媽覺得「你跟我就是不親」；只要他認定你們不親，彼此的心結就沒辦法化解。要化解這個心結，必須要真的去愛，這也是考驗自己的最大挑戰。

你要去跟他說：「爸爸，我愛你。」你要讓他知道，你是真的愛他。

當你對人生感到困惑，不明白那些是非恩怨為何總是瀰漫在周圍，一輩子都無法消散？因為溝通的那條線不存在，或是繫得不夠緊。孩子對爸媽不夠有心，已經是冰凍三尺，非一日之寒；現在突然想要反哺、做點回饋時，又只能很表面地做。要是做得不夠真誠時，人家還以為你是心懷不軌、別有他圖，其實真的是滿心酸的。

你是否看過這樣的電影場景：爸爸跟兒子兩個人坐著對飲，畫面非常沉重，因為很久都沒有對白。到最後，兒子敬爸爸一杯酒，還是連一句「爸爸，敬你一杯！」都說不出口；兩個人默默地喝完各自杯中的酒，然後一言不發地離開。這就是人生的悲哀。

為什麼人與人之間，常會含怨而終？一直到臨死之前，大家都還不願意講話，一直到生命結束之前才上前抱一下，默默地流著淚？

因為活著的時候，沒有人願意先低頭。

就理論上來說，我們都應該可以看到自己的問題。你應該趁爸媽還清醒的時候，去跟他道歉，讓他能接受你，讓他講出他的感覺。在每一次真情流露之後，後面那些奇奇怪怪的難言之隱，爭得死去活來的恩怨情仇，最終都會煙消雲散，撥雲見日。

第十三章

把愛找回來

想要把過去欠缺的愛彌補回來，是需要長期溝通的浩大工程。有些孩子彌補的方式非常可笑，回去跟爸媽示好的時候，最後一定是吵架回來，越補越大洞，分數越扣越多。

彌補的重點，並不是用什麼「方法」去讓爸媽開心，而是一定要讓爸媽看到，你是真正地為他們著想，你是心甘情願跪下去為他們服務，你是真心誠意地跟他們在講話。要是心裡想的是急就章，像特效藥一樣吃下去要求馬上藥到病除、喝個提神飲料就會精神百倍，這是不可能的。

像這種彌補工作，就像災後重建一樣，沒有辦法快速見效，最少要先做個三年。

把少爺公主脾氣收起來

我在輔導一些跟家長有嚴重衝突的孩子時，這些孩子往往有很多話不敢跟爸媽說，彼此的誤會也越積越深。其實，不敢說也沒關係，換個方式，用寫的就行。所以，我常會鼓勵大家用寫信的方式跟爸媽溝通。

不過，也有人會這樣告訴我：「我常寫信給我媽，但她後來叫我不要再寫了。」就算你有心溝通，爸媽還不見得接受，你寫越多人家越不理你，自己像個一相情願的傻子，拿熱臉去貼對方的冷屁股。那該怎麼辦？

就算你要用寫信的，也不能隨便亂寫。人家不想看你寫的，理由很簡單：因為你寫的信很難看。這就像投稿被退回一樣，你寫的不是他要的，偶爾你還在信裡把爸媽給教訓一頓，就算他們看了，也只是更讓人反感。換句話說，你寫這封信並沒有達到溝通的效果，只是製造更多的衝突罷了。

有人回家去，表面上的理由說得很好聽，是要跟媽媽打好關係。才開始聊沒多久，媽媽跟他說：「你這樣不好啦。」

孩子馬上回嘴：「你管那麼多幹嘛？」

原本他回家去，應該是要讓媽媽開心的。但沒多久，大少爺的脾氣又跑出來了，狐狸尾巴也露出來了。

同樣的情況，在對女朋友的時候也是一樣。對人家好個兩三天，然後脾氣來了，就把對方罵一罵，那你想，女孩子會有什麼感覺？疼她個三天，只要你講了一句貶低對方的話，就足以讓你三年都翻不了身。

你可以看看銀行借貸的遊戲規則。就算你一年都沒有遲繳卡費，也沒有累積到什麼增貸的信用；但只要不小心遲繳一次，這筆不良記錄會記在帳上幾年哪？幾乎要三年才有機會拉得回來；一旦把信用搞壞了，差不多要七年才有機會平反。七年裡面發生三次呢？那鐵定就被列入黑名單了！

那麼，在七天的溝通裡犯了七次錯誤呢？你認為自己能夠全身而退嗎？

你可以一直跟爸媽說：「我愛你，我真的好愛你。」然後，又跟他們說：「媽，你這樣不好！你要改。如果不改的話，你會下地獄的！」你不像在跟爸媽交心，反倒像是督察的軍官來了一樣，叫阿兵哥立正站好，這就完蛋了。

其實，有些時候我們心裡很清楚自己比較有道理，但還是得控制自己，以爸媽可以接受的方式讓他們覺得舒服，讓相處變得愉快。

親子之間講的是愛，不是對錯；對錯並不重要，愛的領域裡不可以一直和對方爭對錯。可是，控制不了脾氣的人就是很衝動，愛到深處都會忍不住罵個一兩句，然後給自己找理由「愛之深，責之切」。這就是讓對方感到不爽的地方。

你的信用夠不夠？

我見過很多年輕人在結婚的時候，父母親會特別在這個節骨眼把不滿的情緒爆發出來，為什麼？因為平常親子關係就不好。結婚的時候，爸媽終於有個好機會可以盡情找碴，所以才會發生大清算，把過去的帳一次算清楚。不過，這是好事，只是你要有心理準備就是了。

這些子女平常跟爸媽就沒有好好地講話，爸媽不夠了解孩子的想法，所以他們怕孩子出錯，更要趁這個機會拗你、教訓你。他們會說：「你這樣做事欠考慮，以後一定會出事、會完蛋。」

孩子是否真的欠考慮，並不是重點，真正的原因是彼此建立的信任根本不夠，當要講正經事的時候，是很難討論下去的。父母在乎的，並不是眼前的這件事情，而是過去那些算不清的爛帳，他仍掛在心上。

一般人遇到火山爆發，一定會趕快逃命。但如果有方法，就可以幫你通過爆炸區，到達安全的目的地。這些長年累積的不滿，就算你結婚時沒有引爆，以後遲早還是會爆炸。所以，你要想辦法把這些漏洞修護起來。

像這種狀況，不只是會出現在親子關係裡頭，就算在工作職場上也常常發生。比方說，老闆要求員工去執行一些任務時，下面的反彈很激烈，或是根本講不動；一個命令下來，大家都不照辦，為什麼？因為平常的溝通就不夠好，而不是那道命令對或不對。

如果老闆跟大家的溝通良好，執行任何一個指令的時候，問題一定會少很多，不管辦什麼事都會很快。公司以外的人會以為：「你們老闆很會控制員工喔！」

「你們老闆是不是很兇？不然你們怎麼會這麼聽話？」

不是老闆兇不兇的問題，而是大家平常的溝通管道很好，沒有阻礙。如果溝通夠順暢，遇到任何需要支持或是資源得狀況，很快就會解決。如果你平常跟別人的溝通不好，即使你要做的事情很有前途，對方還是不會支持你。

你跟朋友借錢，他不借給你，通常並不是因為他沒錢，也不是他反對你要做的事，而是因為他認為你們之間的交情就是沒那麼好、沒那麼親。

銀行不借錢給你，也不是現在的問題，而是你過去的信用不佳，對不對？要貸款的時候，你應該也知道必須要有薪轉記錄，要有在職證明，銀行才會願意借你錢，借錢的時候，你有多少信用就很清楚了。

可是跟父母的信用關係沒有白紙黑字的紀錄，常常就搞不清楚狀況。爸媽不借錢給你，不是怕你還不起，也不是你現在要做的事情有問題，而是過去你給他們的印象不好，所以他不願意借你錢。

有個男孩子要結婚的時候，他爸提出反對意見，理由是他唸國中的時候曾經玩火，差點把房子給燒了，所以爸爸認為他還不夠成熟到可以成家。但這件事情已經過了那麼久，爸爸還把它拿來作為阻擋婚事的藉口，讓人聽了覺得很不可思議，啼笑皆非。那些都是以前的事情，但重點是你必須要了了父母親心裡在想什麼。

只要沒把這些溝通補足、補完，爸爸就還在生氣，媽媽依然在擔心，那種不信任的感覺仍沒有消失。你可以想想，小時候發生這些事，但十幾年來你都沒講過任何一句話，爸媽只要一想到這件事，簡直是恨死你了。你十幾年都不講，現在想要彌補回來，當然非常辛苦。

所以，偶爾才寫一封信給爸媽，你覺得他們能釋懷嗎？他們會理你嗎？一個月寫十封也許有機會，對吧？你要看到那個不平衡的落差，就不會覺得突兀。

爸媽太固執了，怎麼辦？

也有些人提到：「我也很想愛我爸媽呀！但每次講到某些話題的時候，他們總是堅持自己的想法，根本沒辦法動搖他們，也沒辦法好好溝通，不是我不想跟他們溝通啊！」

其實，你不需要跟爸媽講你的想法，因為他沒有想要聽你講的這些話。這也是一般人常會犯的錯誤：一直想講自己要講的，但沒有人要聽。

這裡要稍微說明一下：若是立場不一樣時，你要表達出來。當你在跟爸媽修復關係時，你只要講爸媽能夠聽進去的話即可；更重要的是，你要聽懂他們講的是什麼，他們在堅持的又是什麼。當你能了解對方百分之八十五以上的時候，才有資格講出你心裡的話，到那個時候，你也才知道自己應該要講些什麼。

學溝通並不是只學講話。只會講，要幹嘛？要當節目主持人，還是要上台說脫口秀？不是這樣的。你要講對方能夠聽進去的話，這才叫溝通。

每個人多少都會有意見不一樣的時候。平常大家聊天哈拉，不需要什麼特別的技巧，但遇到兩方各持己見的時候，能講到讓對方聽進去的人才是高手。這種人一定具有極高的理解能力，講出來的可能只有短短兩句話，可能只是一些簡單的動作，但是這些言語或動作是完全對焦的，完全能夠打動對方心弦的，這才是真正的溝通。

「溝通」並不是講很多話才叫溝通。就算你辯才無礙，口若懸河，講完一堆長篇大論之後，對方叫你閉嘴滾出去；這算哪門子的溝通呢？

你覺得爸媽很固執，其實不一定是真的。在大部分的情況下，是因為他們認為你還沒有聽懂，或是他沒聽懂你講的是什麼意思，所以他才會一直堅持自己的意見。

你認為爸媽是神經病嗎？為什麼他就是要一意孤行？為什麼每次都要講一樣的話？因為他講了十年，你都沒聽進去，或是你都沒有給他一個好的回應，所以他才會堅持要繼續講，直到你給他一個對焦的回應為止。否則，他會認為自己是擇善固執，這樣的態度也沒什麼不對。

溝通如太極，要沾黏連隨

你跟爸媽講話要像打太極拳一樣。打太極拳什麼意思？不是叫你虛與委蛇、敷衍應酬，而是要緊緊的跟隨著對方，跟的力道要剛剛好，而且要讓對方覺得舒服。雖然你是跟著他在動，卻完全沒有阻礙到對方的行動，每一個動作都運轉地非常流暢密合。

如果能做到這樣，相信爸媽就會說：「嗯，今年你有進步。」

「不錯嘛！這小子有聽進去了。」

如果你的溝通給對方一種撞來撞去、推來推去的感覺，他們說什麼你總是要吐槽個一兩句，他們心裡會想：「你是有在聽，還是沒在聽？」當然心裡會不高興。

這種溝阻礙通的不流暢，除了平常習慣性的頂嘴之外，還有一種是不合邏輯的突兀。比方說，爸爸現在要泡茶，叫你去拿水。如果你的回應是：「水放在哪裡？」

「一定要現在泡茶嗎？」

「你幹嘛要泡茶呢？」

「泡茶很麻煩呀！」

那種感覺就是讓人很突兀，也會讓對方覺得你沒有「心」。

「媽媽，你要包肉粽？我來幫忙吧。」

「啊，不必，不必，你去客廳就好。」

媽媽並不是不讓你幫，因為她覺得你只會愈幫愈忙，所以要你去客廳陪爸爸。不過，你在客廳也沒辦法好好陪爸爸泡茶聊天，就只好跑回房間去打電動，原因出在你沒辦法跟他們對答如流，幫不上忙又不願意學。

他們講話，你必須要有所回應，他問了問題，你要抓準時間回答；而且你要問對的話，要回答適合的內容。你講出來的話不能像是五歲小孩那樣無知，這樣爸媽就會覺得你一點長進都沒有，要是他覺得你講話很幼稚，就會說話堵你、唸你，然後你又覺得自己被貶低了。

當爸媽講話你都沒辦法接，那麼，他們就會給你一種「他很固執」的感覺——不是他很固執，而是因為你的溝通沒辦法跟他對焦。如果他們很堅持，為什麼碰到你的同學或是他們的朋友做同樣的事情，他就突然不再堅持了？為什麼你爸媽突然碰到鄰居或是親戚來到家裡，他的姿態就變得很柔軟？為什麼他只對你堅持？

你要了解，這是你自己的問題——因為他有講，你沒在聽，沒在回應，要不然就是答非所問，接不上話。

只要你能好好回答，爸媽就不會繼續「堅持」。他之所以會堅持，就是因為擔心你會出事。所以，你要給出一個有意義的解決辦法。這個辦法不能只是自己講爽的，好比某些政客發表不切實際的政見，如果你講的只是一些高談闊論，就會讓爸媽覺得：這傢伙又在說大話了。

「我跟你們發誓，從今天開始，我一定要發憤圖強！我會努力賺錢，我保證會跟你們站在同一陣線……」

你的澎拜熱血，卻換來爸媽的冷言嘲諷：「那些都是喊口號，講那麼多都沒用的啦。」

然後，你就說：「……爸爸貶低我。」

不是父母不讚美你、要貶低你，而是你沒有做到讓他可以讚美你的水準，還沒有做到讓他足以放心的地步。

之前有一次，我媽到美國來。當時機場有狀況，所有的人都不准任意出入，全部旅客都要坐運輸車出去。我媽說：「我不要出去。我要等我女兒，否則她來了會找不到我。」

同行的友人都勸她說：「大家都要出去啦。」

我媽說：「我女兒一定會來接我的，她一定會來。」

當時，我跟我先生說：「不行，我一定要進去。我媽一定在裡面等我。」

後來，當我媽見到我的時候，她就說：「你看，我女兒來了啦！我就跟你說嘛，我女兒一定會來的啦！我女兒很厲害，她一定有辦法的。」

不是父母不給讚美，而是要做到讓他們滿意，你必須要有所付出，要讓自己很有能耐，而不是一味地想著爸媽很固執。爸媽也非常精明能幹，不是等閒之輩，子女們要看到他們厲害的地方，要了解他們有多麼地堅強、多麼地刻苦、多麼的偉大，他們身上有很多東西值得我們學習。

但是，為什麼他就是對你不放心？因為在他眼裡，你還沒長大。不管你幾歲，只要還有沒做好的地方，父母就不會輕易地放過你，他一定把這些問題拿出來攻擊你，只因為他愛你，他希望你更好，可以為自己的人生負起責任。

把自己的成績做出來，等到你成熟了、獨立了，就會聽到父母的讚美。

彌補是一條漫漫長路

其實，跟爸媽處不好的人，做的事情都是相同的，都是自己攪和來的，只是從不同的角度不斷闖禍。

爸媽真的很愛孩子，但是他們實在受不了，常覺得孩子把自己搞到冷漠無助了，覺得這孩子沒希望了，這副德性永遠不會改了。

「這個兒子喔？就當作沒了吧。」甚至到了這樣的程度。

愛一個人不應該放棄。既然有愛就還有希望，放棄就等於絕望了，好比斷了線的風箏，再也回不來了。

如果對一個人絕望了，這個人得先搞出很多破壞才行。人家已經對你沒指望了，你想要扭轉自己的不良印象，可是一條漫漫長路呢！很多人花了一輩子的時間都補不回來。

能不能補？可以，重點是自己有沒有決心站起來。你得自己先立正站好，而不是去叫爸媽立正站好；你要先看到自己的跩、自己的少爺公主脾氣，看到自己的野蠻、不講理，跪不下去又不讓人講的傲慢。

一般的爸媽都是很講理的，他們只是愛現，希望你站出去可以光宗耀祖。但愛現又怎樣？大家都愛現哪。所以，一般孩子所認定的爸媽的缺點，其實都很正常，因為人畢竟不完美。

反過頭來看，當你說爸媽很糟糕的時候，你自己也沒多好，對吧？爸媽沒什麼不好。或許他們並不是你想像的那麼厲害，他們的確也有他們的問題。但是，孩子自己的問題一點都不亞於爸媽，一點都沒資格瞧不起他們。

爸媽的問題不是你可以去批判的。孩子跟爸媽之間只談感情，只做朋友，在一起只是相愛而已。既然是相愛，有什麼好去批判的？又何來對錯之分？

孩子常常覺得爸媽哪裡不好、哪裡不對。或許他們曾經對不起你、讓你失望，但這不該是子女一天到晚去跟爸媽計較的。你應該去想，他有沒有不給你吃飯？有沒有虐待你？他有沒有對你做出很不道德的行為？他們是一個不負責任的父母嗎？如果他們都做到了，信用很好，應該加分才對，是不是？

所以，當你要挑剔父母的不是之前，應該先看看自己哪裡做的不夠好，哪裡還需要再加強，就把那些地方給補起來。這一條彌補的路或許很漫長，但只要你願意去補，腳踏實地的做，總有一天，你會把愛找回來。

後記

愛，需要極大的能力！

學習如何去愛父母，自當是越小越好。能夠愛自己的父母之後，才能夠拓展去愛身邊其他人，相對的，也才能愛自己。

如果等到長大成人，才想要回過頭來愛自己的父母時，常常會遇到難以跨越的關卡。因為要把從小到大不能做到的、一直都不願意面對的事情徹底粉碎，讓自己跟父母的相處變成另外一種模式——可想而知，難度當然非常高。過去那些無法突破的障礙，早已經累積成一座又一座的崇山峻嶺，現在想要突破它，可不是仰賴一些技巧就能輕鬆辦到。

想要愛一個人，需要很多很多的能耐，也包括了一直持續下去的毅力。所以，人活著才需要不斷地進步成長，否則問題還是問題，障礙還是障礙，永遠也沒有解決的機會。

父母親是愛孩子的，但他們也有不開朗的一面。孩子必須勇敢去面對，把自己的能力與抗壓力變得很強悍，才有辦法回過頭去好好地愛他們。有些父母的心靈是受過創傷的。他希望藉著孩子去撫平自己的傷痛；可想而知，這是強人所難的事。每個人所受到的傷痛，需要他自己才有辦法彌補修復，正所謂「解鈴還須繫鈴人」，這種事情無法假他人之手。這也是親子之間常見的一個迷思。

許多父母會以為：只要孩子愛我就好；或是我們全家在一起，就可以盡情享受天倫之樂。其實，「天倫之樂」並不是這麼簡單就能做到。父母跟孩子在一起，想要毫無保留地歡笑、開誠布公地談心，兩邊都需要相當多的付出。若只是靠著單邊的力量就想要擁有「天倫之樂」，無非是癡人說夢！

有心的子女，必須主動負起 200% 的責任——簡單地說，就是連爸媽沒做到的那一份也扛起來。這樣的責任感以及要具備的條件，若不是一路努力成長，是絕對難以達成的！

為什麼「愛」的難度這麼高？

真正的愛，必須經過很多的溝通，而且當事人雙方都要有所成長；否則，不可能光靠孩子對父母的愛或是出色表現，就能讓爸媽感到欣慰，或是撫平他們心中的傷痛，滿足他們的要求。

譬如說，一位妻子沒有了丈夫，是個單親家庭。媽媽非常希望孩子長大後能夠出人頭地，把原本家庭遺失的那一個缺角給補回來。但是，不管孩子的表現再怎樣傑出，他的角色永遠不是丈夫；媽媽想要彌補沒有丈夫的遺憾，應該去尋找自己的第二春才對。不過，她並沒有努力去找下一個丈夫，卻硬是把丈夫的影子投射在兒子身上，希望兒子可以做到丈夫沒做到的事——這是辦不到的，兩邊的關係也不會很正常。

父母親自己的問題，還是要找到正確的根源，才能有效地對症下藥。身為爸媽的人，自己最好也要進步成長，但一般孩子最常碰到的問題，就是沒有辦法要求爸媽一起進步，最後就會變成不管父母怎麼樣，孩子還是一樣要去愛他，可是自己心裡總是沒那麼舒服。

至少，孩子應該要先了解一件事：爸媽有這樣的狀況，並不是子女的錯，也不是子女可以去彌補的。你可以陪陪他，你可以讓他覺得欣慰，讓他們以你為榮；但是他們生命中的痛楚，不是孩子應該承擔的責任。要是搞錯了方向，把自己折磨至死都不知其所以然，這種痛苦根本是不必要的。

當你愛一個人的時候，也必須同時了解對方的狀態，不必把所有的問題都歸咎到自己頭上，或是想幫父母承擔生命中所有的一切，這種偏差的角度會讓你的人生失焦，再也找不到原來的自己，也失去原本應有的幸福。

如同父母親愛孩子一樣，孩子愛自己的父母也是天經地義的事。但是，如何讓父母可以很舒服、很自在地接受孩子的愛？這就是需要智慧的千古大哉問了。希望藉由這本書，讓每一個家庭都能得到天倫之樂，也可以讓每個人盡情地享受與父母相處的美好時光。

最後，我想特別感謝我的雙親。我繼承了他們身上所有的優點，也感謝他們對我從小到大的栽培與關愛。

媽媽總是以身作則，讓我了解紀律的重要，也給了我一個好榜樣，讓我在踏入社會打拼時，可以有原則地待人處事。

爸爸從來沒有間斷對我的鼓勵，給了很多建議與指導，做了許多支持我的事。他從未停止溝通的意願，就是我一生當中最好的禮物。

有著這麼一對偉大、有心的父母，我由衷感激上蒼能將我賜給他們作為女兒，也一天比一天更愛他們。在寫完這本書之際，希望能和天下所有子女共勉，讓我們用盡全力愛自己的父母，努力讓每一個家庭更和樂融洽。

如何愛你的父母？

讀者回函卡

對我們的建議：

郵票請帖於此，
謝謝！

台北郵局第118-332號信箱
P.O. BOX 118-332 Taipei
Taipei City 10599 Taiwan(R.O.C)

創意出版社　收

封口

如何愛你的父母？

讀者回函卡

謝謝您購買我們出版的書籍，請您抽空填寫這張讀者回函，並延虛線剪下、對摺黏好之後寄回，我們很重視您的寶貴意見，謝謝！

@基本資料

◎姓名：________________

◎性別：☐男　☐女

◎生日：西元 ________ 年 ________ 月 ________ 日

◎地址：________________

◎電話：________ E-mail：________________

◎學歷：☐小學　☐國中　☐高中　☐大專　☐研究所（含以上）

◎職業：

☐學生　☐軍公教　☐服務業　☐金融業　☐製造業

☐資訊業　☐傳播業　☐農漁牧　☐自由業　☐家管

☐其他________________

◎您從何種方式得知本書？

☐書店　☐網路　☐報紙　☐雜誌　☐廣播　☐電視　☐親友推薦

☐其他

◎您喜歡閱讀哪些類別的書籍？

☐商業財經　☐自然科學　☐歷史　☐法律　☐文學　☐休閒旅遊

☐小說　☐人物傳記　☐生活勵志　☐其他

◎您對本書的意見：

內容：☐滿意　☐尚可　☐應改進

編排：☐滿意　☐尚可　☐應改進

文字：☐滿意　☐尚可　☐應改進

封面：☐滿意　☐尚可　☐應改進

印刷：☐滿意　☐尚可　☐應改進

國家圖書館出版品預行編目(CIP)資料

如何愛你的父母？ / 陳海倫作. – 初版. — 臺北市：
創意, 2012. 08（創意系列；18）
ISBN 978-986-87321-7-9(平裝)
1.親子關係 2.親子溝通 3.愛

544.14　　101014947

創意系列｜18

如何愛你的父母？

How to Love Your Parents?

作者｜陳海倫
責任編輯｜劉孝麒
美術編輯｜王尹玲

出版｜創意出版社
發行人｜謝明勳
郵政信箱｜台北郵局第118-332號信箱
P.O. BOX 118-332 Taipei
Taipei City 10599 Taiwan(R.O.C)

電話｜(02)8712-2800
傳真｜(02)8712-2808
E-mail｜creativecreation@yahoo.com.tw
部落格｜first-creativecreation.blogspot.com
印刷｜世和印製企業有限公司

定價｜380元
2012年8月初版

first-creativecreation.blogspot.com

創意有心，讀者開心

陳顧問的facebook
www.facebook.com/consultanthellenchen